Moi, je...

コミュニケーション A1

Moi, je... Communication A1

Bruno Vannieu
元神戸大学特任教授

Saki Ishii
東京女子体育大学非常勤講師

Chloé Bellec
東北大学講師

Bruno Jactat
筑波大学助教

avec

Jean-Luc Azra
西南学院大学教授

Simon Serverin
上智大学准教授

2012 年からこれまで『Moi, je... コミュニケーション』をお使いいただいたフランス語教員の皆様には、貴重で有益なご意見とご感想を数多く頂戴しました。増補改訂版の刊行に至ったのは、ひとえに皆様のおかげです。本当にありがとうございました！

Ce manuel n'aurait pas pu mûrir jusqu'à mériter une nouvelle édition sans les retours précieux qui nous ont été donnés au fil des années par les enseignant(e)s qui l'utilisent en classe depuis 2012. Merci beaucoup !

Éditeur アルマ出版

www.almalang.com

Tables des matières 目次

Étapes d'une leçon　レッスンの流れ

1 - Prononciation 発音

Quelques points de prononciation relatifs au contenu de la leçon. Cette section est complétée par un diaporama en ligne, facilement accessible par le code QR.

各課で扱う単語や表現の中で、特に発音に注意すべき箇所を紹介しています。細かいポイントについては、QR コードから簡単にアクセスすることができる無料のスライドショーで補足しています。

2 - Point 1　ポイント1

La première partie de la conversation sur laquelle est centrée la leçon. À l'issue de ce premier point, les étudiants font par paires une activité de « pratique à deux », qui est une activité de pratique orale mécanique, un peu comme quand on fait des gammes de piano.

各課でフォーカスする第 1 の構文を紹介します。

ポイント 1 の構文を確認した後、学生は「ペア練習」を行います。これは、ピアノの音階練習のようなものだと言えるでしょう。語彙や構文に慣れるために、機械的に行うオーラルアクティビティです。

Comment ça marche ?
ペア練習の例を見てみましょう！

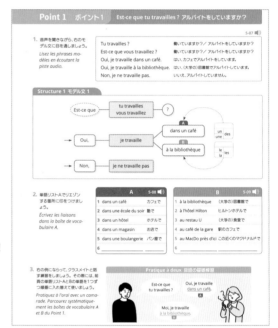

3 - Point 2　ポイント2

La deuxième partie de la conversation sur laquelle est centrée la leçon.

À l'issue de ce deuxième point, les étudiants vérifient qu'ils ont bien compris en traduisant quelques phrases de leur langue maternelle vers le français. Ce sont des traductions très faciles, qui ont pour seul objectif de vérifier que la grammaire a bien été comprise, en construisant des phrases simples un peu comme on utiliserait des briques de Lego.

各課でフォーカスする第 2 の構文を紹介します。

ポイント 2 の構文を確認した後、学生は日本語からフランス語に訳す練習問題を行います。これは、文の構造を理解できたかチェックするためです。フランス語の主語や動詞、目的語などを「ブロック」と捉え、順序よく配置することを目指します。

4 - Enquête アンケート

Le plaisir de la communication avec des camarades.

学習したフランス語を使用してクラスメイトとコミュニケーションをとる楽しさを学びます。

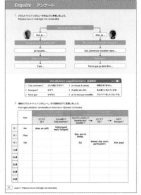

5 - Exercice d'écoute リスニング練習

Un dialogue simple mais naturel, qui peut servir de modèle pour écrire un dialogue personnalisé avec un camarade.

リスニングにはシンプルでありながら自然な対話を収録しています。これは、その後に行う対話文作成のアクティビティ（学生がペアになって取り組むもの）の模範例としても使用できます。

6 - Écriture de dialogue 対話文作成

C'est le couronnement de la leçon, l'activité qui ancre l'assimilation.

授業の総まとめの役割を果たすもので、学習した内容の定着を目指します。

> Kotaro : Bonjour ! Je m'appelle Kotaro. Enchanté.
> Yuki : Bonjour ! Moi, je m'appelle Yuki. Enchantée.
> Kotaro : Est-ce que tu es d'ici ?
> Yuki : Non, je suis d'Osaka. Et toi ?
> Kotaro : Moi, je suis de Tokyo. J'habite à Kobe tout seul.

7 - Prolongements de la leçon 先取り・復習学習

- **Exercices** à la fin du manuel à donner comme devoirs pour réviser.
- **Fiche récapitulative** sur le site pour réviser et apprendre à l'avance.
- 巻末にある練習問題は、復習用の宿題として使用できます。
- 専用サイトにあるまとめシートは、復習だけでなく、語彙の先取り学習にも使用できます。

1 Éléments de base
フランス語の基礎

L'alphabet et les caractères spéciaux　アルファベと記号

L'alphabet フランス語のアルファベ　　　　　　　　　　　　　　1-01 🔊

A B C D E F G H I J K L M N O P Q R S T U V W X Y Z

音声または先生の発音をよく聞き、それを真似して繰り返し発音の練習をしましょう。

Écoutez la piste audio ou votre professeur et répétez la prononciation des lettres de l'alphabet.

Les caractères spéciaux フランス語で使う記号　　　　　　　　　　1-02 🔊

´	é	アクサン・テギュ	accent aigu	例：étudiant, café, thé
`	è à ù	アクサン・グラーブ	accent grave	例：très, mon père, ma mère, à, où
^	ê â ô î û	アクサン・シルコンフレクス	accent circonflexe	例：être, fête, hôpital
¨	ë ï	トレマ	tréma	例：Noël, Thaïlande
¸	ç	セディーユ	cédille	例：ça, français, garçon

La prononciation du français フランス語の発音

本課では、フランス語の発音の法則を学びます。フランス語には特有の音があるので、綴り字とともに覚えると良いでしょう。新出単語や規則がたくさんあるように思われますが、心配無用です！

・ 考え方によっては、日本人は、例えばアメリカ人よりもフランス語学習に向いているとも言えます。日本語とフランス語のイントネーションは非常に近いのに対して、英語はストレスといった強弱やイントネーションの高低差があるためです。

・ 完璧な発音を目指す必要はありません。単語は、母音と子音で構成されています。そのため、母音の発音が完璧でなかったとしても、その他の音でカバーすることができます。重要なのは、相手に自分の話を理解してもらうことです。

・ 本課で学ぶ要素は、その後に続くレッスンでもたびたび現れるので、その都度復習することになります。そのため、少しずつ定着していくことでしょう。導入となる本課の目標は、「すべて覚えること」ではなく、「フランス語がどのような言語であるのかイメージを持つこと」なのです。

Dans cette leçon, nous allons voir rapidement un panorama des règles de prononciation du français. Il y a des sons spécifiques au français, et il faut aussi mémoriser la manière de prononcer certaines graphies. Cela fait beaucoup d'éléments nouveaux. Mais ne vous inquiétez pas !

・ Les Japonais se débrouillent tout à fait bien, mieux que les Américains par exemple (car l'intonation américaine monte et descend beaucoup).

・ De plus, il n'y a pas besoin de prononcer parfaitement car en français les voyelles sont encadrées par des consonnes qui permettent de reconnaître les mots aisément. Ce qui importe, c'est d'être compris.

・ Nous allons revenir sur tous ces éléments petit à petit, au fil des leçons. Vous pourrez les assimiler progressivement. Dans cette leçon d'introduction, l'objectif n'est pas de tout retenir, mais d'avoir une image d'ensemble.

Paris

Nice

Lille

Points de la leçon :	レッスンのポイント:		
▶ Prononciation	▶ 発音の基礎	ÉTUDIANTS	PROFESSEURS
▶ tu / vous	▶ tu / vous の使い分け	生徒	先生
▶ Nombres 1-10	▶ 数字 1-10		

On ne prononce pas... 発音しない文字　　　　　　　1-03 🔊

- **le h　子音 h**

L'**h**ôtel **H**ilton

- **les consonnes finales　語末の子音字**

étudian**t**, françai**s**, gran**d**, je sui**s**

⚠ On prononce C, R, F, L :
ave**c**, pa**r**, che**f**, Mont Saint-Miche**l**

crfl が語末にある時は、多くの場合、
発音します。

- **le e final　語末の e**

étudiant**e**, français**e**, grand**e**, j'habit**e**

⚠ On le prononce dans les mots :
j**e**, l**e**, d**e**, n**e**, m**e**, t**e**, qu**e**, c**e**, s**e**

少ない文字数で構成されている語の場合
は、発音します。

[y] [ø] [œ]　　　　　　　　　　　　　　1-04 🔊

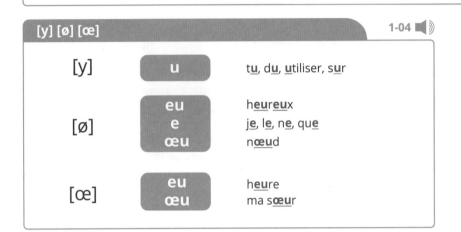

[y]	u	t**u**, d**u**, **u**tiliser, s**u**r
[ø]	eu e œu	h**eu**r**eu**x j**e**, l**e**, n**e**, qu**e** n**œu**d
[œ]	eu œu	h**eu**re ma s**œu**r

Voyelles nasales　鼻母音　　　　　　　　　1-05 🔊

[ɔ̃]	on om	b**on**, Jap**on** c**om**bien
[ɑ̃]	en an	**en**, comm**en**t Fr**an**ce
[ɛ̃]	ain ein in un	dem**ain** pl**ein** dess**in** **un**
	i**en**	canad**ien**

Autres combinaisons de lettres　その他の複母音　1-06 🔊

[wa]	oi/oy	M**oi**, je..., v**oi**ture, v**oy**age
[u]	ou/où	bonj**ou**r, **où**
[o]	au/eau	**au** cinéma, b**eau**
[ɛ]	ai	franç**ai**s, franç**ai**se

1-07 🔊

Vous parlez déjà français !
実はもう知っている!

Les mots français utilisés
dans la langue japonaise

日本語に定着したフランス語

1　**concours**
2　**rouge**
3　**silhouette**
4　**enquête**
5　**encore**
6　**éclair**
7　**croissant**
8　**déjà vu**
9　**dessin**
10　**objet**
11　**gâteau au chocolat**
12　**crayon**
13　**Beaujolais nouveau**
14　**maison**
15　**crêpe**
16　**coupon**
17　**café au lait**
18　**mayonnaise**
19　**bouquet**
20　**grand prix**

1-08 🔊

qu = k	**qu**'est ce **que** **qu**estion

Enchaînements et liaisons　アンシェヌマンとリエゾン　1-09 🔊

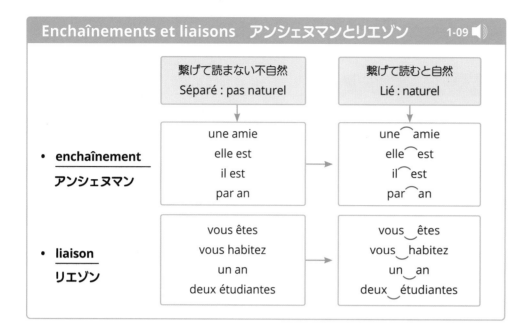

	繋げて読まない不自然 Séparé : pas naturel	繋げて読むと自然 Lié : naturel
• **enchaînement** アンシェヌマン	une amie elle est il est par an	une‿amie elle‿est il‿est par‿an
• **liaison** リエゾン	vous êtes vous habitez un an deux étudiantes	vous‿êtes vous‿habitez un‿an deux‿étudiantes

Chiffres 数字　1-10 🔊

1　un
2　deux
3　trois
4　quatre
5　cinq
6　six
7　sept
8　huit
9　neuf
10　dix

Pourquoi "Moi, je..."?　教科書のタイトル『Moi, je...コミュニケーション』の由来

フランス語で会話をする時、対話相手と異なる意見や違うことがらについて述べる場合、普通は「Moi, je...（私は、自分は）」という表現で文を始めます。

例)
A：Je suis japonais.　私は日本人です。
B：Moi, je suis français. 私は（あなたと違って）、フランス人です。

上記の文で、もしBさんが「Moi」を使用せずに、いきなり「Je suis français」と述べると、それは先に話をしたAさんの言ったことを少々ないがしろにしているような印象を与えます。

「Moi, je」で文を始めることは、自分の意見だけを主張しようとしているのではなく、むしろ相手が言ったことをきちんと受けとめていることを表します。そのため、ここで使用されている「Moi」とは、「あなたと違って、私は」、あるいは「あなたと比べて、私は」といった意味を持つと言えるでしょう。他者とフランス語でコミュニケーションをとることを目標にしたこの教科書は、それゆえ『Moi, je... コミュニケーション』というタイトルがつけられているのです！

Dans une conversation en français, on commence souvent sa phrase par "Moi, je..." quand on dit quelque chose de différent de ce qu'a dit l'interlocuteur, sur le même sujet.

Par exemple :
A : Je suis japonais.
B : Moi, je suis français.

Si la personne B disait seulement "Je suis français", elle pourrait donner l'impression d'ignorer ce que l'interlocuteur vient de dire. Commencer sa phrase par "Moi, ..." a donc pour effet d'inclure l'interlocuteur et non, comme on pourrait en avoir l'impression, de se mettre en avant. Dans ce contexte, "Moi, ..." signifie "Moi... par rapport à toi".

Ce manuel est centré entièrement sur la conversation, c'est pourquoi il s'intitule "Moi, je... Communication".

Enquête　アンケート

「Moi, je...」という表現を使って、今から自己紹介をしましょう。クラスメイトが自己紹介をしたあと、それを受ける時に「Moi, je m'appelle...」と言って自分の名前を言いましょう。また、会話をした相手の名前を右の表に書いてください。

Pratiquons cela dès maintenant en nous présentant. Après que votre interlocuteur se soit présenté, quand vous vous présentez vous-même, dites "Moi, je m'appelle...".

	名前 Prénom
例	Saki
1人目	
2人目	
3人目	
4人目	
5人目	
6人目	

Bonjour, ça va ?

Ça va. Je m'appelle Saki.

Moi, je m'appelle Ken.

La différence entre « tu » et « vous »　　tu / vous の使い分け

フランス語では、相手を「あなた」と呼ぶ方法が2つ（「vous」と「tu」）あります。

社会生活で一般的に使われているのは「vous」です。

「tu」は、家族や友達など親しい間柄の相手に対して使います。若者同士や学生同士は、お互いによく知らなくても「tu」を使って会話をします。

初対面の人と話す時は普通「vous」を使い、親しくなったら「vous」をやめて「tu」に変えます。この時、「On peut se tutoyer?」（「tu」で呼び合いませんか？）と聞きます。そう聞かれたら、一般的には「Oui, bien sûr!」（はい、そうしましょう！）などと答えます。「tu」で呼び合うことに決めたら、「vous」に戻ることはありません。

En français, il y a deux manières d'appeler son interlocuteur : « vous » et « tu ».

Dans la société, on utilise « vous » en général.

On utilise « tu » pour les proches comme la famille et les amis. Le « tu » est aussi systématiquement utilisé par les jeunes et les étudiants quand ils parlent entre eux.

En général, on vouvoie les gens quand on les rencontre pour la première fois. On passe au tutoiement quand on devient plus proche. Dans ce cas, on demande « On peut se tutoyer? ». On accepte en disant par exemple « Oui, bien sûr!». Une fois qu'on décide de se tutoyer, on ne retourne jamais au vouvoiement.

友達	ami(e)		友達	ami(e)
社会人	adulte	**tu** →	社会人	adulte
学生	étudiant(e)	← **tu**	学生	étudiant(e)
家族	famille		家族	famille

| 社会人 | adulte | **vous** → | 社会人 | adulte |
| 学生 | étudiant(e) | ← **vous** | 先生 | professeur |

| 子ども | enfant | **vous** → | 社会人 | adulte |
| 婿・嫁 | gendre, bru | ← **tu** | 舅・姑 | beaux-parents |

■ クイズ！　Quiz

(a) が (b) に対して呼びかける時、普通「vous」と「tu」のどちらを使うでしょうか？

Quand (a) s'adresse à (b), utilise-t-il le vouvoiement ou le tutoiement ?

	(a)		(b)	vous	tu
例	学生	→	先生	✓	
1	自分	→	友達の友達		
2	客	→	店員		
3	店員	→	客		
4	自分	→	神様		
5	自分	→	祖父		
6	祖父	→	自分		
7	私（学生）	→	初対面の学生		

* Version française : voir le site Professeur

1-11 🔊

La France métropolitaine フランス本土の地図

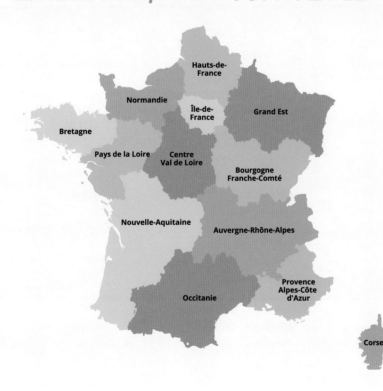

Hauts-de-France
Normandie
Île-de-France
Grand Est
Bretagne
Pays de la Loire
Centre Val de Loire
Bourgogne Franche-Comté
Nouvelle-Aquitaine
Auvergne-Rhône-Alpes
Occitanie
Provence Alpes-Côte d'Azur
Corse

Salutations　表現集

1 **Bonjour.**
おはよう／こんにちは。
2 **Bonsoir.**
こんばんは。
3 **Salut!**
やあ！
4 **Ça va?**
元気？
5 **Ça va.**
元気です。
6 **Au revoir!**
さようなら！
7 **À bientôt.**
またね。
8 **Bonne journée!**
よい1日を！
9 **Bonne soirée!**
よい夜を！
10 **Monsieur!**
あの（男性への呼びかけ）
11 **Madame!**
あの（女性への呼びかけ）
12 **Je m'appelle...**
私の名前は

2 Premières présentations
自己紹介をする

1. 単語を確認しながら音声を聴き、声に出して繰り返しましょう。

   Lisez en écoutant les pistes audio. Répétez.

2. サイトにアクセスして、発音練習の続きをしましょう。

   Accédez au site pour la suite des exercices de prononciation.

Prononciation 発音　　　　　Diaporama 2

être ～です（英語のbe） 2-01

je suis
tu es
il/elle est
nous sommes
vous êtes
ils / elles sont

2-02

ai [ɛ]	
français	française
japonais	japonaise
	célibataire

Point 1　ポイント1　　Tu es japonais？　日本人ですか？

2-03

1. 音声を聴きながら、次の文に目を通しましょう。

   Lisez les phrases en écoutant la piste audio.

Tu es japonais ?	日本人ですか？
Tu es japonaise ?	日本人ですか？
Est-ce que vous êtes japonaise ?	日本人ですか？
Oui, je suis japonais.	はい、日本人です。
Oui, je suis japonaise.	はい、日本人です。
Non, je ne suis pas japonais.	いいえ、日本人ではありません。
Non, je ne suis pas japonaise.	いいえ、日本人ではありません。

Structure 1 モデル文 1

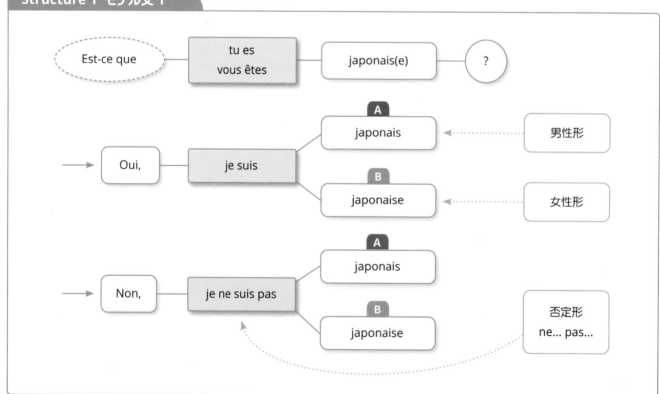

Points de la leçon :
▶ masculin / féminin
▶ négation
▶ questions fermées

レッスンのポイント:
▶ 男性形 / 女性形
▶ 否定形
▶ はい / いいえで答える疑問文

ÉTUDIANTS 生徒 　PROFESSEURS 先生

2. 単語リストAの単語を女性形に替えて、単語リストBに書き込みましょう。次に音声を聴き、単語の発音を練習しましょう。

Écrivez toutes les formes féminines dans la boîte de vocabulaire B. Écoutez les pistes audio et prononcez le vocabulaire.

	A　2-04 🔊		B　2-05 🔊
	男性形		**女性形**
日本人	1 japonais	1	japonaise
フランス人	2 français	2	française
中国人	3 chinois	3	
アメリカ人	4 américain	4	
韓国人	5 coréen	5	coréenne
カナダ人	6 canadien	6	
ベルギー人	7 belge	7	
結婚している	8 marié	8	
独身である	9 célibataire	9	

3. Pratique à deux 会話の基礎練習

クラスメイトと会話の練習をしましょう。その際には、単語リストA（男性形）の単語を1つずつ順番に入れ替えて使いましょう。次に単語リストB（女性形）の単語を同じように1つずつ使って練習してみましょう。

Pratiquez à l'oral avec un camarade. Parcourez systématiquement la boîte de vocabulaire A (masculin), puis recommencez avec la boîte de vocabulaire B (féminin).

Point 2　ポイント2　Moi aussi, je suis japonaise.　私も日本人です。

Structure 2 モデル文2

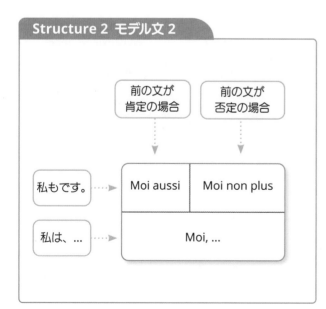

1. 日本語の文をフランス語に訳しましょう。
Traduisez en français les phrases exemples.

1) 私は結婚しています。

....

2) （1への返答で）私は、結婚していません。

....

3) 私はアメリカ人ではありません。

....

4) （3への返答で）私も、アメリカ人ではありません。

....

Enquête   アンケート

1. 以下のフローチャートを読んで、クラスメイトにインタビューできるように準備しましょう。

   Préparez-vous à interroger vos camarades.

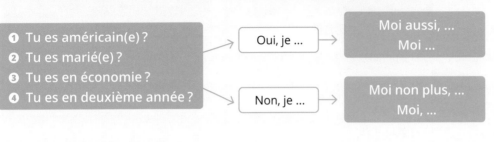

Vocabulaire supplémentaire 追加語彙				2-06 🔊
1	en première année	1 年生	6	en science	理学部（の）
2	en deuxième année	2 年生	7	en technologie	工学部（の）
3	en troisième année	3 年生	8	en droit	法学部（の）
4	en quatrième année	4 年生	9	en économie	経済学部（の）
5	en master	修士課程の	10	en littérature	文学部（の）

Facultés
学部 📱

2. クラスメイトにインタビューし、その回答を以下に記録しましょう。①の質問では国籍を、②では結婚しているかどうかを、③では学部を、④では学年を聞いてみましょう。解答者の答えに応じて、質問者は「Moi aussi.」「Moi, ...」「Moi non plus.」のいずれかを使って反応しましょう。

Interrogez plusieurs camarades (choisissez une nationalité, une faculté et une année d'étude) et notez leurs réponses ci-dessous. Réagissez ensuite à leur réponse (Moi aussi, ...).

	名前 Prénom	❶ 〇〇人ですか？ Tu es（国籍／nationalité）？	❷ 結婚している？ Tu es marié(e)？	❸ 〇〇学部ですか？ Tu es en（学部／faculté）？	❹ 〇〇年生ですか？ Tu es en（学年／année）？
例	John	français？ non américain	non célibataire	en économie？ non en droit	en deuxième année？ non en première année
1人目					
2人目					
3人目					
4人目					

Conversation　会話のための練習

音声を聴いて、空欄に単語を書きましょう。

Écoutez la piste audio et écrivez les mots manquants.

Stéphane :　Bonjour, ça va ?

Mikako :　　Oui, ça va. Tu es étudiant ici ?

Stéphane :　Oui, ... en deuxième année.

Mikako :　　Tu es .... ?

Stéphane :　Non, je suis .... Et toi ?

Mikako :　　Moi, je suis japonaise. Je m'appelle Mikako.

Stéphane :　Enchanté. ...., je m'appelle Stéphane.

Mikako :　　Tu es en littérature ?

Stéphane :　Non, je suis ....

Mikako :　　Ah bon. Moi, je suis en littérature.

Vocabulaire supplémentaire 追加語彙 2-08 🔊	
1　ça va ?	元気？
2　ici	ここ（で）
3　étudiant	大学生（男）
4　Et toi ?	あなたは？（tu の場合）
5　Enchanté(e).	はじめまして。
6　Ah bon.	そうですか。

ÉCRIRE　作文

本課で学習したことを踏まえて、日常生活に基づいた会話文をパートナーと一緒に書きましょう。

Écrivez un dialogue avec un partenaire en vous basant sur vos vies.

....

....

....

....

....

....

....

....

....

....

....

....

La suite　繰り返し学習しよう	
Exercices 練習問題 ▶	p. 105
Fiche récapitulative まとめシート ▶	💻

3 *Dire où on habite*
今住んでいるところについて話す

1. 単語を確認しながら音声を聴き、声に出して繰り返しましょう。

Lisez en écoutant les pistes audio. Répétez.

2. サイトにアクセスして、発音練習の続きをしましょう。

Accédez au site pour la suite des exercices de prononciation.

Prononciation 発音　　Diaporama 3

habit**er** 住む（規則動詞） 3-01	habit**er** 「住む」の否定形 3-02
j'habit**e**	je **n'**habit**e pas**
tu habit**es**	tu **n'**habit**es pas**
il / elle habit**e**	il / elle **n'**habit**e pas**
nous habit**ons**	nous **n'**habit**ons pas**
vous habit**ez**	vous **n'**habit**ez pas**
ils / elles habit**ent**	ils / elles **n'**habit**ent pas**

Point 1　ポイント 1　　Est-ce que tu habites à Paris ?　パリに住んでいますか？

3-03

1. 音声を聴きながら、次の文に目を通しましょう。

Lisez les phrases en écoutant la piste audio.

Tu habites à Tokyo ?	東京に住んでいますか？
Est-ce que vous habitez à Tokyo ?	東京に住んでいますか？
Oui, j'habite à Tokyo.	はい、東京に住んでいます。
Non, je n'habite pas à Tokyo.	いいえ、東京に住んでいません。

Structure 1　モデル文 1

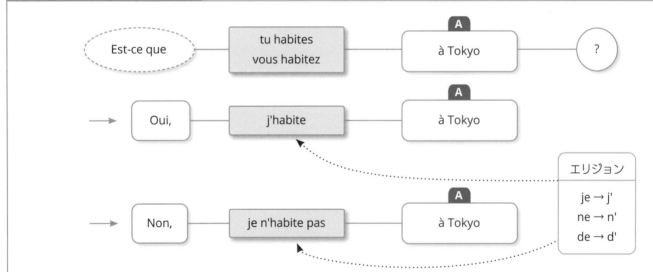

2. 単語リスト A の空欄に正しい表現を書き込みましょう。次に音声を聴き、単語の発音を練習しましょう。

Écrivez les mots manquants dans la boîte de vocabulaire. Écoutez la piste audio et prononcez le vocabulaire.

	A			3-04
1 à Tokyo	東京に	6	près de la gare	駅の近くに
2	大阪に	7	loin de Tokyo	東京から遠くに
3 près de Tokyo	東京の近くに	8	....	大阪から遠くに
4	大阪の近くに	9	loin d'ici	ここから遠くに
5 près d'ici	この近くに			

Points de la leçon : | **レッスンのポイント:**
▶ verbes réguliers | ▶ 規則動詞
▶ élision | ▶ エリジョン

ÉTUDIANTS 生徒 　PROFESSEURS 先生

3. Pratique à deux 会話の基礎練習

右の例にならって、クラスメイトと会話の練習をしましょう。まず、単語リストAの単語を1つずつ使って「tu」で練習してください。その後、「vous」を使って否定形で練習しましょう。

Pratiquez à l'oral avec un camarade. Parcourez systématiquement la boîte de vocabulaire A en vous tutoyant, puis recommencez en vous vouvoyant.

Point 2　ポイント 2　Est-ce que tu es de Paris ?　パリの出身ですか？

3-05 🔊

1. 音声を聴きながら、次の文に目を通しましょう。

Lisez les phrases en écoutant la piste audio.

Tu es de Paris ?	パリの出身ですか？
Est-ce que vous êtes de Paris ?	パリの出身ですか？
Oui, je suis de Paris.	はい、パリの出身です。
Non, je suis d'Avignon.	いいえ、アヴィニョンの出身です。

Structure 2 モデル文 2

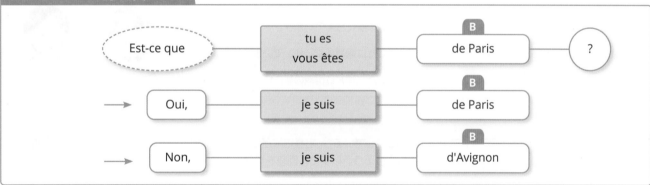

2. 単語リスト B の空欄に「de」または「d'」を書きましょう。

Écrivez « de » ou « d' » dans la boîte de vocabulaire B.

3. 日本語の文をフランス語に訳しましょう。

Traduisez en français les phrases exemples.

B			3-06 🔊
Je suis de... / d'...　私は ... の出身です。			
1 de Paris パリの	4 d'Avignon アビニョンの出身です。
2 ...... Sendai 仙台の	5 ...... Osaka 大阪の出身です。
3 ...... Tokyo 東京の	6 ...... Ishikawa 石川の出身です。

1) この近くに住んでいますが、福岡の出身です。（が / でも : mais）

....

2) 岡山の出身です。

....

3) ここの出身です。（ここ : ici）

....

1. 以下のフローチャートを読んで、クラスメイトにインタビューできるように準備しましょう。

   Préparez-vous à interroger vos camarades.

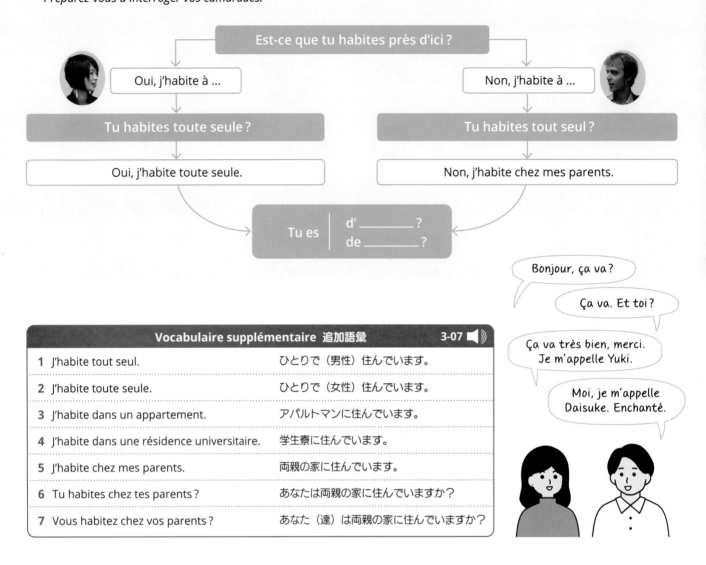

Est-ce que tu habites près d'ici ?

Oui, j'habite à …　　　　Non, j'habite à …

Tu habites toute seule ?　　　　Tu habites tout seul ?

Oui, j'habite toute seule.　　　　Non, j'habite chez mes parents.

Tu es | d' _____ ?
       | de _____ ?

Bonjour, ça va ?

Ça va. Et toi ?

Ça va très bien, merci.
Je m'appelle Yuki.

Moi, je m'appelle
Daisuke. Enchanté.

Vocabulaire supplémentaire　追加語彙		3-07
1	J'habite tout seul.	ひとりで（男性）住んでいます。
2	J'habite toute seule.	ひとりで（女性）住んでいます。
3	J'habite dans un appartement.	アパルトマンに住んでいます。
4	J'habite dans une résidence universitaire.	学生寮に住んでいます。
5	J'habite chez mes parents.	両親の家に住んでいます。
6	Tu habites chez tes parents ?	あなたは両親の家に住んでいますか？
7	Vous habitez chez vos parents ?	あなた（達）は両親の家に住んでいますか？

2. クラスメイトに挨拶と自己紹介をしてから、どこに住んでいるか、出身地はどこか、インタビューをしましょう。出身地については、「Tu es de 」のあとに自分で都市名を選び質問しましょう。以下に、回答を記録してください。

   Interrogez plusieurs camarades et notez leurs réponses ci-dessous. Commencez par vous saluer et vous présenter.

	名前 Prénom	近くに住んでいる？ Tu habites près d'ici ?	一人暮らし？ Tu habites tout(e) seul(e)?	○○の出身？ Tu es de …?
例	Aiko	oui à Shinjuku	non chez ses parents	Shinjuku ? non, Yokohama
1人目				
2人目				
3人目				

Conversation 会話のための練習

ÉCOUTER リスニング

3-08 🔊

音声を聴いて、空欄に単語を書きましょう。

Écoutez la piste audio et écrivez les mots manquants.

Rika : Dis-moi, tu es d'où, Fabien ?

Fabien : Je suis .... Nantes. Et toi ?

Rika : .... , je suis de Kanagawa.

Fabien : Ah bon. Tu habites .... d'ici ?

Rika : Non, j'habite à Kanagawa, chez mes parents.

Fabien : Oh c'est .... ! Moi, j'habite ....

de l'université.

Rika : Tu as de la chance !

Vocabulaire supplémentaire 追加語彙 3-09 🔊

1	Dis-moi, ...	ねえ、教えて（tu の前）
2	Tu es d'où ?	どこの出身ですか？
3	C'est loin.	遠いです。
4	Tu as de la chance !	あなたはラッキーですね！

ÉCRIRE 作文

本課で学習したことを踏まえて、日常生活に基づいた会話文をパートナーと一緒に書きましょう。

Écrivez un dialogue avec un partenaire en vous basant sur vos vies.

....

....

....

....

....

....

....

....

....

....

....

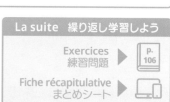

La suite 繰り返し学習しよう

Exercices
練習問題 ▶ P. 106

Fiche récapitulative
まとめシート ▶

4 *Parler des transports*
交通手段について話す

1. 単語を確認しながら音声を聴き、声に出して繰り返しましょう。

   Lisez en écoutant les pistes audio. Répétez.

2. サイトにアクセスして、発音練習の続きをしましょう。

   Accédez au site pour la suite des exercices de prononciation.

Prononciation 発音

Diaporama 4

4-01

Mots interrogatifs 疑問詞	
où	どこに
d'où	どこから
en quelle année	何年生に
en quelle faculté	どの学部に
comment	どうやって

venir 来る 4-02

je viens
tu viens   [vjɛ̃]
il / elle vient
nous venons
vous venez
ils /elles viennent   [vjɛn]

Point 1　ポイント 1　Questions ouvertes et fermées　2 つの種類の疑問文

1. 音声を聴きながら、次の文に目を通しましょう。　*Lisez les phrases en écoutant la piste audio.*

Structure 1　モデル文 1

はい・いいえで答える疑問文
Questions fermées

① 主語＋動詞 — 目的語 — ? ⌉
                                  ⌉ → Oui
② Est-ce que — 主語＋動詞 — 目的語 — ? ⌋ → Non

4-03

| 例： | Tu habites à Osaka ? | 大阪に住んでいますか？（くだけた言い方） |
| | Est-ce que tu habites à Osaka ? | 大阪に住んでいますか？（標準的な言い方） |

Structure 2　モデル文 2

疑問詞を使った疑問文
Questions ouvertes

① 主語＋動詞 — 疑問詞 — ? ⌉
                                 ⌉ → …
② 疑問詞 est-ce que — 主語＋動詞 — ? ⌋ → …

4-04

| 例： | Tu habites où ? | どこに住んでいますか？（くだけた言い方） |
| | Où est-ce que tu habites ? | どこに住んでいますか？（標準的な言い方） |

2. 以下の疑問文を、1 で学習した「くだけた言い方」と「標準的な言い方」の両方でフランス語に訳しましょう。

   Écrivez chaque question dans les deux formes présentées ci-dessus.

1)　札幌出身ですか？ (tu)

....

....
⌉ → Oui, je suis de Sapporo.
⌋ → Non, je suis de Sendai.

Points de la leçon :
- questions ouvertes
- questions fermées

レッスンのポイント：
- 疑問詞を使った疑問文
- はい・いいえで答える疑問文

ÉTUDIANTS 生徒 PROFESSEURS 先生

2)　出身はどこですか？(tu)

....

....] → Je suis de ....

3)　１年生ですか？(tu)

....

....] → Oui, je suis en première année.
→ Non, je suis en deuxième année.

4)　何年生ですか？(tu)

....

....] → Je suis en première année.

Point 2　ポイント 2　Tu viens ici comment?　ここにどうやって来ますか？

4-05 🔊

1. 音声を聴きながら、次の文に目を通しましょう。

Lisez les phrases en écoutant la piste audio.

Tu viens ici comment ?	ここにどうやって来ますか？
Comment est-ce que vous venez ici ?	ここにどうやって来ますか？
Je viens ici en train.	電車でここに来ます。

Structure 3　モデル文 3

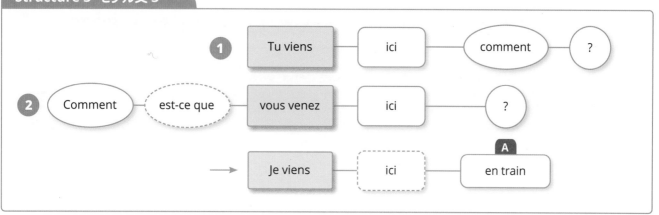

2. Pratique à deux 会話の基礎練習

パートナーと一緒に会話の練習をしましょう。

Faites la pratique orale avec un partenaire.

Comment est-ce que tu viens ici ?

Je viens ici <u>en train</u>. Et toi,
【A】
tu viens ici comment ?

Moi, je viens à vélo <u>et en métro</u>.
【B】

A	4-06 🔊		B	4-07 🔊	
1	en train	電車で	1	et en métro	〜と地下鉄で
2	en métro	地下鉄で	2	ou à pied	または徒歩で
3	en bus	バスで	3	et en train	〜と電車で
4	en voiture	車で	4	ou en bus	またはバスで
5	en scooter	スクーターで	5	et en tram	〜とトラムで
6	en vélo / à vélo	自転車で	6	ou en scooter	またはスクーターで
7	à pied	歩いて			

1. 以下のフローチャートを読んで、クラスメイトにインタビューできるように準備しましょう。今から行うアンケートでは、2つの種類の疑問文（「はい・いいえで答える疑問文」と「疑問詞を使った疑問文」）を使いましょう。

   Préparez-vous à interroger vos camarades. Pensez à varier les questions, en utilisant parfois des questions ouvertes et parfois des questions fermées.

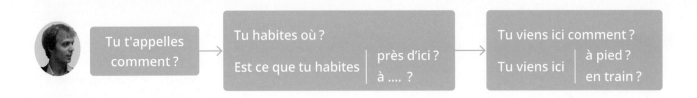

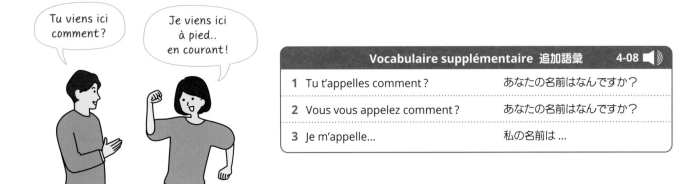

Vocabulaire supplémentaire 追加語彙	4-08
1 Tu t'appelles comment ?	あなたの名前はなんですか？
2 Vous vous appelez comment ?	あなたの名前はなんですか？
3 Je m'appelle...	私の名前は ...

2. クラスメイトに挨拶と自己紹介をしてから、どこに住んでいるか、どうやってここまで来ているのかインタビューし、その回答を以下に記録しましょう。

   Interrogez plusieurs camarades et notez leurs réponses ci-dessous. Commencez par vous saluer et vous présenter.

	名前 Prénom	どこに住んでいる？／○○に住んでいる？ Tu habites où? ／Est-ce que tu habites ____?	どうやってここへ来たの？／○○でここに来るの？ Tu viens ici comment? ／Tu viens ici ___?
例	Taro	à Tottori	en train
1人目			
2人目			
3人目			
4人目			
5人目			

ÉCOUTER リスニング

4-09 🔊

音声を聴いて、空欄に単語を書きましょう。

Écoutez la piste audio et écrivez les mots manquants.

Léa : Tu .... à Tokyo ?

Fabien : Oui, j'habite près d'ici. Je viens ici

en ....

Léa : Ah bon. Moi, ... loin d'ici.

Fabien : Comment est-ce que tu viens ici ?

Léa : Je viens ici en train et en ....

Fabien : C'est long ?

Léa : Oui, c'est long. Mais ça va, je lis dans le

....

Vocabulaire supplémentaire 追加語彙　　4-10 🔊

1	C'est long	長いです。
2	mais	でも
3	ça va	大丈夫です。
4	Je lis dans le train.	電車の中で本を読みます。

ÉCRIRE 作文

本課で学習したことを踏まえて、日常生活に基づいた会話文をパートナーと一緒に書きましょう。

Écrivez un dialogue avec un partenaire en vous basant sur vos vies.

....

....

....

....

....

....

....

....

....

....

....

....

La suite 繰り返し学習しよう

Exercices
練習問題 ▶ p. 107

Fiche récapitulative
まとめシート ▶

5 *Parler des petits boulots*
アルバイトについて話す

1. 単語を確認しながら音声を聴き、声に出して繰り返しましょう。

   Lisez en écoutant les pistes audio. Répétez.

2. サイトにアクセスして、発音練習の続きをしましょう。

   Accédez au site pour la suite des exercices de prononciation.

Prononciation 発音   Diaporama 5

travailler 働く   5-01 🔊

je travail**le**
tu travaill**es**
il / elle travail**le**
nous travaill**ons**
vous travail**lez**
ils / elles travaill**ent**

5-02 🔊

Liaison リエゾン	Enchaînement アンシェヌマン
dans‿un	une‿école
dans‿une	il‿est

Point 1 ポイント1   Tu travailles? アルバイトをしていますか？

5-03 🔊

1. 音声を聴きながら、次の文に目を通しましょう。

   Lisez les phrases en écoutant la piste audio.

Tu travailles ?	働いていますか？／アルバイトをしていますか？
Est-ce que vous travaillez ?	働いていますか？／アルバイトをしていますか？
Oui, je travaille dans un café.	はい、カフェでアルバイトをしています。
Oui, je travaille à la bibliothèque.	はい、（大学の）図書館でアルバイトしています。
Non, je ne travaille pas.	いいえ、アルバイトしていません。

Structure 1 モデル文1

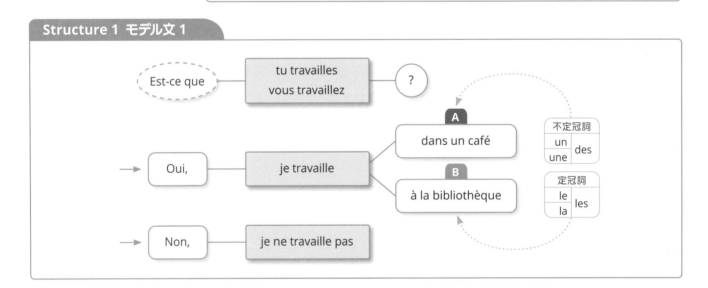

2. 単語リストAでリエゾンする箇所に印をつけましょう。また、単語リストAとBの6番目には、自分や友人の働いている場所などを書き入れましょう。

   Écrivez les liaisons dans la boîte de vocabulaire A.

A	5-04 🔊	
1	dans un café	カフェで
2	dans une école du soir	塾で
3	dans un hôtel	ホテルで
4	dans un magasin	お店で
5	dans une boulangerie	パン屋で
6		

B	5-05 🔊	
1	à la bibliothèque	（大学の）図書館で
2	à l'hôtel Hilton	ヒルトンホテルで
3	au restau U	（大学の）食堂で
4	au café de la gare	駅のカフェで
5	au MacDo près d'ici	この近くのマクドナルドで
6		

Points de la leçon : **レッスンのポイント:**
▶ article indéfini / article défini ▶ 不定冠詞 / 定冠詞
▶ expression de la volonté ▶ 願望の表現

ÉTUDIANTS 生徒 PROFESSEURS 先生

3. Pratique à deux 会話の基礎練習

右の例にならって、クラスメイトと会話の
練習をしましょう。その際には、前頁の単
語リストＡとＢの単語を１つずつ順番に
使いましょう。

Pratiquez à l'oral avec un camarade.
Parcourez systématiquement les boîtes
de vocabulaire A et B du Point 1.

> Est-ce que tu travailles ?

> Oui, je travaille dans un café. **A**

> Moi, je travaille à la bibliothèque. **B**

Point 2　ポイント2　J'aimerais travailler.　働きたいです。

5-06 🔊

1. 音声を聴きながら、次の文に目を通し
ましょう。

Lisez les phrases en écoutant la piste
audio.

> Je travaille dans une supérette. C'est intéressant mais fatigant. Et toi ?

Je travaille dans un supermarché.	スーパーで働いています。
J'aimerais travailler dans un supermarché.	スーパーで働きたいです。
Je donne des cours particuliers.	家庭教師をしています。
J'aimerais donner des cours particuliers.	家庭教師をしたいです。
C'est bien payé.	給料がいいです。
Ce n'est pas difficile.	難しくはありません。
Ça doit être intéressant.	きっと面白いんでしょうね。

Structure 2　モデル文 2

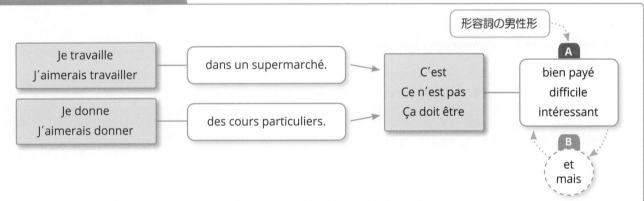

形容詞の男性形

Je travaille / J'aimerais travailler → dans un supermarché. → C'est / Ce n'est pas / Ça doit être → **A** bien payé / difficile / intéressant

Je donne / J'aimerais donner → des cours particuliers. → **B** et / mais

2. 日本語の文をフランス語に訳しましょう。

Traduisez en français les phrases exemples.

1) 私はカフェでアルバイトをしています。 面白いですし、給料がいいです。

....

....

2) 私はホテルでアルバイトをしています。給料はいいですが、疲れます。

....

....

3) 私は塾でアルバイトをしたいです。給料がいいです。

....

....

A	5-07 🔊
1 intéressant	面白い
2 bien payé	給料がいい
3 fatigant	疲れる
4 difficile	難しい
5 facile	簡単だ

B	5-08 🔊
1 et	と
2 mais	でも

Enquête   アンケート

1. 以下のフローチャートを読んで、クラスメイトにインタビューできるように準備しましょう。

Préparez-vous à interroger vos camarades.

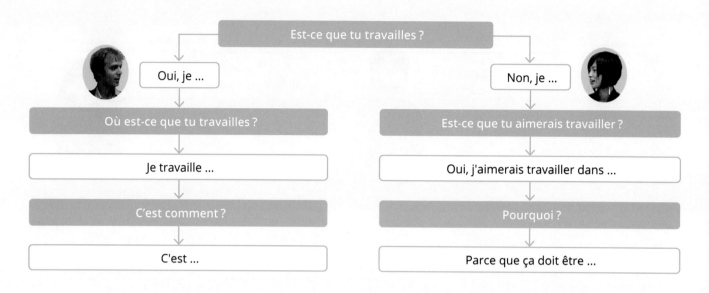

Vocabulaire supplémentaire 追加語彙			5-09 🔊
1 C'est comment ?	どんな感じですか？	3 Parce que	なぜなら
2 Pourquoi ?	なぜ？	4 Je n'ai pas le temps.	時間がありません。

2. クラスメイトにインタビューし、その回答を以下に記録しましょう。

Interrogez plusieurs camarades et notez leurs réponses ci-dessous.

名前 Prénom	＜アルバイトをしている場合＞ S'il / Si elle a un petit boulot...		＜アルバイトをしていない場合＞ S'il / Si elle n'a pas de petit boulot...		
	どこで？ Où ?	どんな感じ？ C'est comment?	アルバイトしてみたい？ Aimerait travailler ?	どこで？ Où ?	なぜ？ Pourquoi ?
例1 Ken	dans un café	intéressant mais fatigant			
例2 Chiyo			Non, pas le temps.		
例3 Saki			Oui	donner des cours particuliers	bien payé
1人目					
2人目					
3人目					
4人目					
5人目					

Conversation　会話のための練習

音声を聴いて、空欄に単語を書きましょう。

Écoutez la piste audio et écrivez les mots manquants.

Léa :　Est-ce que tu .... ?

Yuichi : Oui, je donne des cours particuliers.

Léa :　C'est comment ?

Yuichi : C'est .... mais c'est

　　　　　bien payé.

Léa :　Moi, je ne veux pas travailler.

Yuichi : .... ?

Léa :　Parce que je n'ai pas le temps.

　　　　　J'habite très .... d'ici.

Vocabulaire supplémentaire　追加語彙　5-11 🔊	
1 Je ne veux pas travailler.	アルバイトをしたくないです。
2 très	とても
3 loin d'ici	ここから遠いところ（に）

ÉCRIRE　作文

本課で学習したことを踏まえて、日常生活に基づいた会話文をパートナーと一緒に書きましょう。

Écrivez un dialogue avec un partenaire en vous basant sur vos vies.

....

....

....

....

....

....

....

....

....

....

....

....

La suite　繰り返し学習しよう

Exercices
練習問題　▶　p. 108

Fiche récapitulative
まとめシート　▶

6 Panorama 1
総復習 1

Point 1 ポイント1 　Prononciation 　発音

1. **読んでみよう！** 以下の文をパートナーと読み、鼻母音に丸をつけましょう（鼻母音は第1課を参照）。その後、音声を聴いて、発音を確認しましょう。

Lisez l'extrait ci-dessous avec votre camarade et entourez les voyelles nasales. Ensuite, vérifiez ensemble avec la piste audio si votre prononciation est correcte.

6-01 🔊

OUI!

Je sais lire!

Bonjour. Je m'appelle Paul Lagrange. Je suis étudiant en deuxième année à l'université de Franche-Comté. Je suis en sciences humaines. J'habite dans un appartement près du campus, alors je viens ici à pied. J'aime lire des mangas et étudier le japonais. J'aimerais aller au Japon un jour. Le week-end, je travaille dans un hôtel. C'est l'hôtel Mercure Besançon. C'est très intéressant et bien payé.

Point 2 ポイント2 　Grammaire 　文法

1. 以下の表に、指定された動詞の活用を主語とともに書きましょう。 *Écrivez les conjugaisons dans les tableaux ci-dessous.*

6-02 🔊

	être ～である	venir 来る	habiter 住む	travailler 働く
私	je suis	je viens	j'habite	je travaille
あなた				
彼／彼女				
私達				
あなた（達）				
彼ら／彼女ら				

2. これまでにひとつのかたまり・表現として学習した動詞を以下に書きましょう。

Écrivez les verbes que nous avons étudiés sous forme d'expressions figées.

1. 私は～したい ....

2. 私の名前は～です ....

3. あなた（tu）の名前は～です ....

4. あなた（vous）の名前は～です ....

Points de la leçon :
▶ Bilan de compétences (leçons 1 à 5)
▶ Dialogue récapitulatif

レッスンのポイント:
▶ 1-5課までの文法の復習
▶ 既習事項をつかった対話文 1

ÉTUDIANTS
生徒

PROFESSEURS
先生

Point 3　ポイント3　Communication　コミュニケーション

1. 1-5 課で学習した構文を使って、クラスメイトにインタビューし、その結果を以下に記録しましょう。

Interrogez plusieurs camarades et notez leurs réponses ci-dessous.

	1人目	2人目
Prénom 名前		
Nationalité 国籍		
Faculté 学部		
Année 学年		
Statut matrimonial 結婚しているか		
Lieu de résidence 住んでいる場所		
Lieu d'origine 出身地		
Moyen de transport 大学までの交通手段		
Petit boulot アルバイト		

vu dans LEÇON 5

Culture et conversation　文化と会話

Nuancer ses affirmations
自分の意見を詳しく述べよう！

フランス語で会話する時は、自分の意見や感想をあいまいにせず、できるだけはっきりと言いましょう。その際は、「mais しかし」や「et そして」などを使って、対比的あるいは並列的に述べると、より洗練された発言になります。例えば、「C'est facile mais fatigant. 簡単だけど、疲れる」や、「Ça doit être intéressant et bien payé. 面白そうだし、給料もよさそうだ」など、詳しく述べてみましょう。

Dans une conversation en français, on exprime clairement son opinion ou son impression. L'utilisation de « mais » ou « et » permet d'affiner ses jugements. Par exemple : « C'est facile mais fatigant » ou « Ça doit être intéressant et bien payé ».

Léa : C'est comment ?

Yuichi : C'est fatigant <u>mais</u> c'est bien payé.

ÉCOUTER　リスニング　6-03 🔊

音声を聴いて、空欄に単語を書きましょう。

Écoutez la piste audio et écrivez les mots manquants.

Hiro :　Tu es d'où ?

Manon :　Je suis française. Je suis ....　Toulouse.

Hiro :　Ah bon. Moi, je suis de Saitama.

Manon :　Tu habites ....　d'ici ?

Hiro :　Non, j'habite chez mes parents. C'est un peu loin. Je viens .... en bus et en métro.

Manon :　Oh. Ça doit être fatigant. Moi, j'habite dans une résidence universitaire près d'ici. Je viens à pied, ça prend .... minutes !

Hiro :　Tu as de la chance ! J'aimerais habiter tout seul...

Manon :　Tu es en économie ?

Hiro :　Non, je suis en sociologie, ... deuxième année. Et toi ?

Manon :　Je suis en économie. Je suis en troisième année. Je suis ici en échange pour un an.

Hiro :　Ça te plaît ?

Manon :　Oui, c'est super ! Et je travaille .... un restaurant. C'est intéressant.

Hiro:　Moi, je n'ai pas le temps de travailler.

Vocabulaire supplémentaire 6-04 🔊　追加語彙

1	Ça te plaît ?	気に入っていますか？
2	C'est super !	最高です！
3	en échange	交換留学で
4	pour un an	1年間

---

vu dans LEÇON 3

Culture et conversation　文化と会話

Au moins une information supplémentaire
最低 1 つは情報を加えてみよう！

フランス語で会話をする時、自分が話す番になったら十分に長く話すことが大切です。相手に質問をされたら、それに対する返答だけではなく、関連する情報を少なくとも 1 つ加えて答えるようにしましょう。その方が友好的で、相手に良い印象を与えることができます。

Quand on participe à une conversation en français, il est bon de donner des réponses assez longues. Si vous le pouvez, donnez au moins une information en plus par rapport à la question qui vous a été posée. Vous paraîtrez plus coopératif.

Fabien :　Tu habites près d'ici ?

Rika :　Non, j'habite à Kanagawa, <u>chez mes parents</u>.

1-5課で学習した内容をもとにして対話文を作成しましょう。自分達がフランス語で文章を作成できるようになっていることに、きっと驚きますよ！

- 疑問詞を使った疑問文と、はい・いいえで答える疑問文の2つの種類の疑問文を使用しましょう（Tu habites où? ／ Tu habites près d'ici?）。
- 返答する際は、情報を付け足して会話を発展させましょう。
- 以下のようなあいづちや、文頭に使う表現を効果的に使用しましょう。

Écrivez un dialogue qui utilise les contenus des leçons 1 à 5. Vous vous apercevrez que vous pouvez déjà avoir des échanges intéressants en français !

- *Variez la forme des questions que vous posez (fermées / ouvertes). Par exemple : Tu habites où ? / Tu habites près d'ici ?*
- *Donnez des réponses riches : quand vous répondez à une question, ajoutez au moins une information supplémentaire.*
- *Essayez d'utiliser une ou plusieurs des expressions ci-dessous.*

Dis-moi, ... (+ 疑問文)	C'est / Ça doit être	Ah bon	Moi / Moi aussi / Moi non plus

7 Parler de ses animaux, etc.
ペットなどについて話す

1. 単語を確認しながら音声を聴き、声に出して繰り返しましょう。

   Lisez en écoutant les pistes audio. Répétez.

2. サイトにアクセスして、発音練習の続きをしましょう。

   Accédez au site pour la suite des exercices de prononciation.

Prononciation 発音   Diaporama 7

avoir 持つ・飼う（英語のhave） 7-01 🔊

j'ai
tu as
il / elle a
nous avons
vous avez
ils / elles ont

〜が欲しい 7-02 🔊

j'aimerais avoir
tu aimerais avoir
vous aimeriez avoir

〜が欲しくない

je ne veux pas avoir
tu ne veux pas avoir
vous ne voulez pas avoir

Point 1　ポイント1　Est-ce que tu as un animal ? ペットを飼っていますか？

7-03 🔊

1. 音声を聴きながら、次の文に目を通しましょう。

   Lisez les phrases en écoutant la piste audio.

Est-ce que tu as un chien ?	犬を飼っていますか？
Est-ce que vous avez un chien ?	犬を飼っていますか？
Oui, j'ai un chien.	はい、犬を飼っています。
Non, je n'ai pas de chien.	いいえ、犬を飼っていません。

Structure 1 モデル文 1

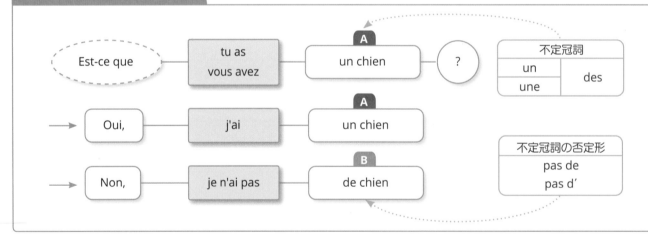

2. 単語リストAでリエゾン、あるいはアンシェヌマンする箇所に印をつけましょう。また、単語リストAの否定形を単語リストBに書き込みましょう。次に音声を聴き、単語の発音を練習しましょう。

   Écrivez les liaisons dans la boîte de vocabulaire A. Écrivez toutes les formes négatives dans la boîte de vocabulaire B. Écoutez la piste audio et prononcez le vocabulaire.

A 7-04 🔊			B 7-05 🔊
J'ai			**Je n'ai pas**
1 un chien	犬		1 de chien
2 un vélo	自転車		2 de vélo
3 un ordinateur	パソコン		3 ....
4 un animal	ペット		4 ....
5 un scooter	スクーター		5 ....
6 des enfants	子ども		6 ....
7 un petit ami	ボーイフレンド		7 ....
8 une petite amie	ガールフレンド		8 ....

Points de la leçon :	レッスンのポイント:	ÉTUDIANTS	PROFESSEURS
▶ négation de l'article indéfini	▶ 不定冠詞の否定形	生徒	先生
▶ qu'est-ce que... comme...	▶ qu'est-ce que... comme... の使い方		

3. Pratique à deux
会話の基礎練習

右の例にならって、クラスメイトと会話の練習をしましょう。その際には、前頁の単語リストAとBの単語を1つずつ順番に使いましょう。

Pratiquez à l'oral avec un camarade. Parcourez systématiquement les boîtes de vocabulaire A et B du Point 1.

Point 2　ポイント2　Qu'est-ce que tu as comme chien?　どんな犬を飼っていますか?

1. 構文「Qu'est-ce que... comme... どんな ... を〜ですか?」を学習しましょう。その後、1〜4の日本語の文をフランス語に訳しましょう。

Étudiez la structure « Qu'est-ce que... comme... » et traduisez en français les phrases exemples.

Structure 2　モデル文2

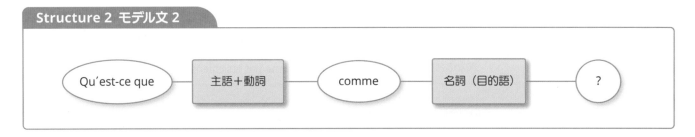

Qu'est-ce que → 主語＋動詞 → comme → 名詞（目的語）→ ?

1) どんな犬を飼っていますか? (tu) ....

2) どんな犬が欲しいですか? (tu) ....

3) どんなパソコンが欲しいですか? (vous) ....

4) パソコンは持っていません。マックのパソコンが欲しいです。 ....

	Vocabulaire 追加語彙				7-06 🔊
1	un téléphone portable	携帯電話	9	un chien	犬
2	un iPhone	アイフォーン	10	un bâtard	雑種
3	un Android	アンドロイド携帯	11	un Labrador	ラブラドール
4	une voiture	車	12	un chat	猫
5	une Honda	ホンダの車	13	un chat siamois	シャム猫
6	une console de jeux	ゲーム機	14	un hamster	ハムスター
7	une Switch	スイッチ	15	une tortue	亀
8	une Playstation	プレイステーション	16	un lapin	うさぎ

1. 以下のフローチャートを読んで、クラスメイトにインタビューできるように準備しましょう。*Préparez-vous à interroger vos camarades.*

| Est-ce que tu as un animal ? |

Oui, j'ai un chien.　　　　Non, je n'ai pas d'animal.

Qu'est-ce que tu as comme chien ?　　Qu'est-ce que tu aimerais avoir comme animal ?

J'ai ...　　　　J'aimerais avoir ...

Qu'est-ce que tu aimerais avoir comme animal ?

Je ne veux pas avoir d'animal !

Ah bon. Moi, j'aimerais avoir un chat.

Vocabulaire supplémentaire　追加語彙				7-07
1	Il s'appelle comment ?	名前は何ですか？（男）	5	Il est mignon.	かわいいです。（男）
2	Il s'appelle...	彼の名前は ...	6	Elle est mignonne.	かわいいです。（女）
3	Elle s'appelle comment ?	名前は何ですか？（女）	7	J'aime les chiens.	犬が好きです。
4	Elle s'appelle...	彼女の名前は ...	8	Je n'aime pas les chiens.	犬が好きではありません。

2. クラスメイトにインタビューし、その回答を以下に記録しましょう。

Interrogez plusieurs camarades et notez leurs réponses ci-dessous.

	名前 Prénom	質問 question	ペット un animal?	携帯電話 un téléphone portable?	車 une voiture?	パソコン un ordinateur?	ゲーム機 une console?
例	Manami	1 oui/non	oui	oui	non	oui	non
		2 どんな？	un chien	un iPhone	une Honda	un Sony	une Switch
1人目		1 oui/non					
		2 どんな？					
2人目		1 oui/non					
		2 どんな？					
3人目		1 oui/non					
		2 どんな？					

ÉCOUTER リスニング   7-08 🔊

音声を聴いて、空欄に単語を書きましょう。

Écoutez la piste audio et écrivez les mots manquants.

Laurence : Est-ce que tu as un .... , Satoshi ?

Satoshi : Oui, j'ai un chien.

Laurence : Qu'est-ce que tu as .... chien ?

Satoshi : J'ai un Labrador.

Laurence : Il est mignon ?

Satoshi : C'est une femelle, en fait. Elle s'appelle Mary.
Elle est très mignonne ! Et .... , tu as
un animal ?

Laurence : Non.

Satoshi : Qu'est-ce que tu .... avoir comme
animal ?

Laurence : Je ne sais pas... Un chat, peut-être. Mais
.... dans un appartement
et c'est interdit.

Vocabulaire supplémentaire 追加語彙 7-09 🔊

1	C'est une femelle.	メスです。
2	C'est un mâle.	オスです。
3	en fait	実は
4	Je ne sais pas...	わからない。
5	peut-être	〜かもしれない
6	C'est interdit.	禁止です。

ÉCRIRE 作文

本課で学習したことを踏まえて、日常生活に基づいた会話文をパートナーと一緒に書きましょう。

Écrivez un dialogue avec un partenaire en vous basant sur vos vies.

....

....

....

....

....

....

....

....

....

....

La suite 繰り返し学習しよう

| Exercices 練習問題 | ▶ | p. 109 |
| Fiche récapitulative まとめシート | ▶ | 💻 |

8 Parler de sa famille
家族について話す

1. 単語を確認しながら音声を聴き、声に出して繰り返しましょう。

   Lisez en écoutant les pistes audio. Répétez.

2. サイトにアクセスして、数字の後に "an"（～歳）がくるとき、どのような発音に変わるか確認しましょう。

   Accédez au site pour constater comment les chiffres se prononcent quand ils sont suivis par "an".

Prononciation 発音
Diaporama 8

Les chiffres 数字　8-01

1	un	11	onze	21	vingt et un	40	quarante
2	deux	12	douze	22	vingt-deux	50	cinquante
3	trois	13	treize	23	vingt-trois	60	soixante
4	quatre	14	quatorze	24	vingt-quatre		
5	cinq	15	quinze	25	vingt-cinq	薄緑色の文字は発音	
6	six	16	seize	26	vingt-six	しません。	
7	sept	17	dix-sept	27	vingt-sept	Les lettres en vert ne	
8	huit	18	dix-huit	28	vingt-huit	se prononcent pas.	
9	neuf	19	dix-neuf	29	vingt-neuf		
10	dix	20	vingt	30	trente	q = qu = [k]	

Point 1　ポイント1　Ton frère a quel âge ? あなたのお兄さんは何歳ですか？

8-02

1. 音声を聴きながら、次の文に目を通しましょう。

   Lisez les phrases en écoutant la piste audio.

Tu as quel âge ?	何歳ですか？
J'ai dix-huit ans.	私は 18 歳です。
Ton frère a quel âge ?	あなたのお兄さんは何歳ですか？
Il a vingt ans.	彼は 20 歳です。

Structure 1 モデル文 1

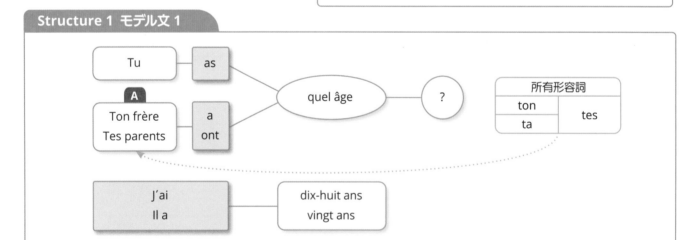

2. 単語リスト A に適切な所有形容詞を書き込みましょう。次に音声を聴き、単語の発音を練習しましょう。

   Écrivez les adjectifs possessifs manquants. Écoutez la piste audio et prononcez le vocabulaire.

	あなたの	私の	あなた／あなた達の	
1 ton frère		mon frère	votre frère	兄／弟
2 ton père		.... père	.... père	父
3 ta sœur		ma sœur	votre sœur	姉／妹
4 ta mère		.... mère	.... mère	母
5 tes parents		.... parents	vos parents	両親

A　8-03

Points de la leçon :
- adjectifs possessifs
- chiffres / âge
- être + profession / adjectif

レッスンのポイント:
- 所有形容詞
- 数字 / 年齢
- être＋職業 / 形容詞

ÉTUDIANTS 生徒

PROFESSEURS 先生

3. 右はある家族のイラストです。例にならって、3名に番号を付けて、その人を紹介する文を書きましょう。この時、自分の家族の紹介でも、架空の家族の紹介でも構いません。

Affectez un numéro à trois membres de votre famille (réelle ou imaginaire) et écrivez une phrase pour chacun.

Famille 📱 家族

例： ① C'est ma sœur. Elle s'appelle Yuki. Elle a dix ans.

1) ....

2) ....

3) ....

4. Pratique à deux 会話の基礎練習

右の例にならって、クラスメイトと会話の練習をしましょう。上のイラストを指さしながら、その人物が誰か、また年齢はいくつか尋ねてください。この時、フランス語の数字の発音に注意しましょう。

Pratiquez à l'oral avec des camarades et essayez de comprendre les âges qu'ils mentionnent à propos des membres de leur famille.

C'est ta soeur ?

Oui, c'est ma soeur. Elle s'appelle Yuki.

Elle a quel âge ?

Elle a dix ans.

Point 2　ポイント2　Il est sympa?　彼は感じが良いですか？

1. 音声を聴きながら、次の文に目を通しましょう。

Lisez les phrases en écoutant la piste audio.

8-04 🔊

J'ai un frère. Il est gentil.	私は兄（弟）がいます。彼は優しいです。
J'ai une sœur. Elle est gentille.	私は姉（妹）がいます。彼女は優しいです。

Structure 2 モデル文 2

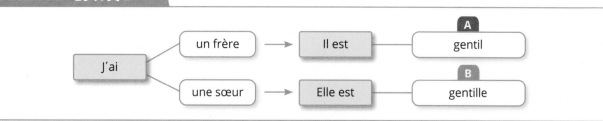

2. 単語リストAにある単語の女性形を単語リストBに書き込みましょう。

Écrivez le féminin des adjectifs dans la boîte B.

	A			8-05 🔊
1	gentil	優しい	5	timide　恥ずかしがりな
2	mignon	かわいい	6	sympa　感じの良い
3	intelligent	賢い	7	égoïste　わがままな
4	bête	ばかな	8	sévère　厳しい

	B		8-06 🔊
1 gentille		5	....
2		6	....
3		7	....
4		8	....

Enquête　アンケート

1. 以下のフローチャートを読んで、クラスメイトにインタビューできるように準備しましょう。アンケートでは、本当の、あるいは架空の家族やペットの紹介をしてください。パートナーはそれに対し、その人の名前や性格を聞きましょう。

Dessinez un membre de votre famille. Préparez-vous à interroger vos camarades

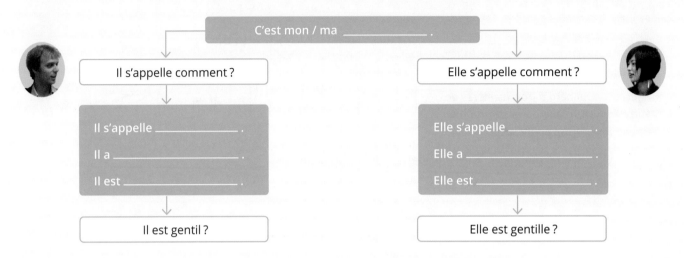

C'est mon / ma _____ .

Il s'appelle comment ?　　Elle s'appelle comment ?

Il s'appelle _____ .　　Elle s'appelle _____ .
Il a _____ .　　Elle a _____ .
Il est _____ .　　Elle est _____ .

Il est gentil ?　　Elle est gentille ?

Vocabulaire supplémentaire　追加語彙				8-07
1	étudiant / étudiante	学生	6	dentiste	歯医者
2	lycéen / lycéenne	高校生	7	fonctionnaire	公務員
3	collégien / collégienne	中学生	9	son	彼・彼女の（男性名詞）
4	employé / employée	会社員	10	sa	彼・彼女の（女性名詞）
5	enseignant / enseignante	教師	11	ses	彼・彼女の（名詞・複数）

家族の誰かの絵を描いてみましょう！
Dessine ici un membre de ta famille.

2. クラスメイトにインタビューし、その回答を以下に記録しましょう。

Interrogez plusieurs camarades et notez leurs réponses ci-dessous.

	名前 Prénom	誰? Qui?	年齢 Âge	職業 Occupation	性格・特徴 Caractère
例	Kaho	sa sœur	14 ans	collégienne	timide intelligente
1人目					
2人目					
3人目					
4人目					
5人目					

ÉCOUTER リスニング

8-08 🔊

音声を聴いて、空欄に単語を書きましょう。

Écoutez la piste audio et écrivez les mots manquants.

Ai :　Tu as des frères et sœurs ?

Éric :　Oui, j'................. une grande sœur. Elle ....

vingt-cinq ans. Elle travaille dans un café.

Ai :　Elle est mariée ?

Éric :　Non, elle est célibataire. Elle est très ....

Elle habite à Lyon.

Ai :　Moi, j'ai un frère et une sœur. Ma sœur a

....　................. . Elle est lycéenne. Mon

frère a vingt-deux ans. Il est étudiant en économie.

Il est .... , je l'aime bien.

Vocabulaire supplémentaire 追加語彙 8-09 🔊	
1　des frères et sœurs	兄弟姉妹
2　une grande sœur	姉
3　très	とても
4　je l'aime bien	私は彼（彼女）が好き

ÉCRIRE 作文

本課で学習したことを踏まえて、日常生活に基づいた会話文をパートナーと一緒に書きましょう。

Écrivez un dialogue avec un partenaire en vous basant sur vos vies.

....

....

....

....

....

....

....

....

....

....

....

....

La suite　繰り返し学習しよう	
Exercices 練習問題 ▶	P. 110
Fiche récapitulative まとめシート ▶	

9 *Parler des tâches ménagères*
家事について話す

1. 単語を確認しながら音声を聴き、声に出して繰り返しましょう。

   Lisez en écoutant les pistes audio. Répétez.

2. サイトにアクセスして、発音練習の続きをしましょう。

   Accédez au site pour la suite des exercices de prononciation.

Prononciation 発音 — Diaporama 9

faire する 9-01

| je fais |
| tu fais |
| il / elle fait |
| nous f<u>ai</u>sons* |
| vous faites |
| ils / elles font |

「好き」の様々な言い方 9-02

j'aime beaucoup	大好きです
j'aime	好きです
j'aime bien	好きです
je n'aime pas beaucoup	あまり好きではありません
je n'aime pas	好きではありません

* 発音の例外：faisons の ai の発音は [ø]

Point 1 ポイント1 — Qui fait la cuisine chez toi ? あなたの家では誰が料理しますか？

9-03

1. 音声を聴きながら、次の文に目を通しましょう。

   Lisez les phrases en écoutant la piste audio.

Qui fait la cuisine chez toi ?	あなたの家では誰が料理しますか？
C'est moi.	私です。
C'est moi qui fais la cuisine.	料理をするのは私です。
C'est mon père.	私の父です。
C'est mon père qui fait la cuisine.	料理をするのは私の父です。

Structure 1 モデル文 1

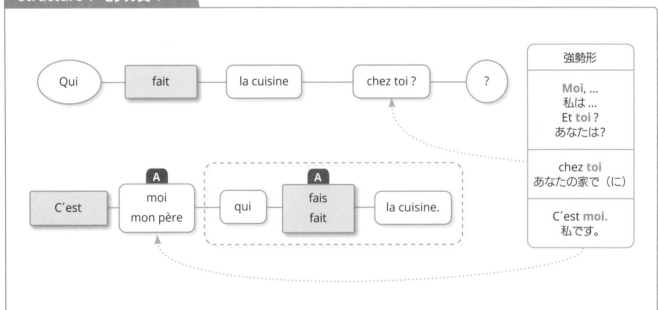

9-04

Pronoms sujets 主語人称代名詞	je	tu	il	elle	nous	vous	ils	elles
Pronoms forts 強勢形人称代名詞	moi	toi	lui	elle	nous	vous	eux	elles

Points de la leçon :
- pronoms forts
- pronom relatif qui (C'est...qui...)
- ça = faire ～

レッスンのポイント:
- 人称代名詞の強勢形
- 関係代名詞 qui（強調構文）
- ça = faire ～

ÉTUDIANTS 生徒   PROFESSEURS 先生

2. Pratique à deux 会話の基礎練習

前頁下部の表をもとに、単語リストBの空欄に、強勢形人称代名詞を書きましょう。それからパートナーと会話の練習をしましょう。

Écrivez les pronoms forts dans la boîte B. Puis pratiquez à l'oral avec un camarade.

	A	9-05 🔊
1	toi / fais	あなた
2	vous / faites	あなた
3	ton père / fait	あなたのお父さん
4	ta mère / fait	あなたのお母さん
5	ton frère / fait	あなたの兄（弟）
6	ta sœur / fait	あなたの姉（妹）

C'est *toi* qui *fais* la cuisine ?
A   A

Oui, c'est *moi*.
B

	B	
1	moi	私
2	....	私
3	....	彼
4	....	彼女
5	....	彼
6	....	彼女

Point 2   ポイント2   Est-ce que tu aimes faire la cuisine? 料理をするのが好きですか？

9-06 🔊

1. 音声を聴きながら、次の文に目を通しましょう。

Lisez les phrases en écoutant la piste audio.

Est-ce que tu aimes faire la cuisine ?	あなたは料理をするのが好きですか？
Oui, j'aime ça.	はい、私はそれが好きです。
Non, je n'aime pas ça.	いいえ、私はそれが好きではありません。

Structure 2 モデル文 2

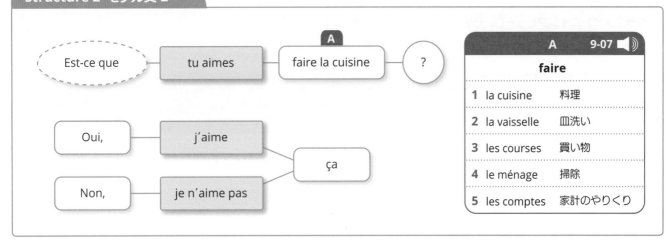

	A	9-07 🔊
	faire	
1	la cuisine	料理
2	la vaisselle	皿洗い
3	les courses	買い物
4	le ménage	掃除
5	les comptes	家計のやりくり

2. 日本語の文をフランス語に訳しましょう。

Traduisez en français les phrases exemples.

1) 母が買い物をしますが、父が料理をします。 ....

2) 私（女）は一人暮らしです。全部（tout）一人でやります。 ....

3) 掃除は父がやります。私は、それが好きではありません。 ....

4) 私が皿洗いをします。あまり好きではありません。 ....

5) 私の家では、母が家計のやりくりをします。彼女はそれが好きです！ ....

Enquête　アンケート

1. 以下のフローチャートを読んで、クラスメイトにインタビューできるように準備しましょう。

   Préparez-vous à interroger vos camarades.

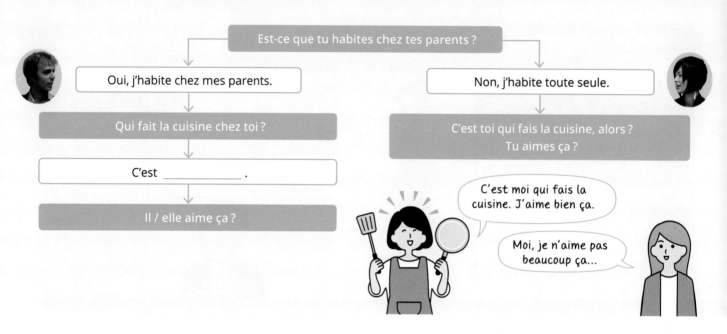

Vocabulaire supplémentaire　追加語彙			9-08
1　Qui fait la cuisine chez toi ?	あなたの家では誰が料理をしますか？	5　Je mange au restau U.	私は学食で食べます。
2　Ce sont mes parents.	両親です。	6　sa mère	彼（彼女）の母
3　alors	じゃあ	7　son père	彼（彼女）の父
4　bien sûr	もちろん	8　ses parents	彼（彼女）の両親

2. クラスメイトにインタビューし、その回答を以下に記録しましょう。

   Interrogez plusieurs camarades et notez leurs réponses ci-dessous.

	名前 Prénom	1人暮らし？実家？ habite tout(e) seul(e)？ chez ses parents？	誰が料理する？ qui fait la cuisine？	彼／彼女はそれが好き？ il / elle aime ça？
例	Ken	chez ses parents	sa mère / lui	Sa mère aime ça. Il n'aime pas ça.
1人目				
2人目				
3人目				
4人目				
5人目				

Conversation 会話のための練習

ÉCOUTER リスニング

9-09 🔊

音声を聴いて、空欄に単語を書きましょう。

Écoutez la piste audio et écrivez les mots manquants.

Annick : Tu .... toute seule ?

Jasmine : Oui, j'habite dans un appartement. C'est bien,

mais c'est un peu loin.

Annick : C'est toi qui fais ...., alors ?

Jasmine : Oui, c'est moi qui fais tout !

Annick : Chez moi, c'est ....

qui fait la cuisine et c'est ....

.... qui fait le ménage. C'est pratique.

Mais j'aimerais bien .... toute

seule...

Vocabulaire supplémentaire 追加語彙 9-10 🔊

1	c'est bien	良いです
2	un peu	ちょっと
3	tout	全部
4	pratique	便利

ÉCRIRE 作文

本課で学習したことを踏まえて、日常生活に基づいた会話文をパートナーと一緒に書きましょう。

Écrivez un dialogue avec un partenaire en vous basant sur vos vies.

....

....

....

....

....

....

....

....

....

....

....

....

La suite 繰り返し学習しよう

Exercices
練習問題 ▶ p. 111

Fiche récapitulative
まとめシート ▶

10 Parler de ce qu'on mange
食べ物について話す

1. 単語を確認しながら音声を聴き、声に出して繰り返しましょう。

   Lisez en écoutant les pistes audio. Répétez.

2. サイトにアクセスして、発音練習の続きをしましょう。

   Accédez au site pour la suite des exercices de prononciation.

Prononciation 発音
Diaporama 10

manger **食べる** 10-01

| je mange |
| tu manges |
| il / elle mange |
| nous mangeons |
| vous mangez |
| ils / elles mangent |

<u>une</u> pomme <u>une</u> pastèque

<u>des</u> pommes <u>de la</u> pastèque

Point 1 ポイント1   Qu'est-ce que tu manges le matin? 朝は何を食べますか?

10-02

1. 音声を聞きながら、次の文に目を通しましょう。

   Lisez les phrases en écoutant la piste audio.

Qu'est-ce que tu manges le matin ?	朝は何を食べますか?
Je mange une pomme.	りんごを食べます。
Je mange du riz.	お米を食べます。

Structure 1 モデル文1

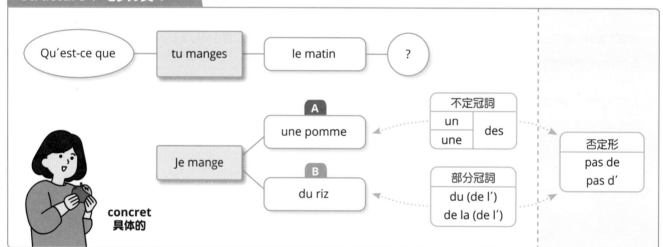

2. 単語リストAに適切な不定冠詞を、単語リストBには適切な部分冠詞を書き込みましょう。次に音声を聴き、単語の発音を練習しましょう。

   Écrivez les articles manquants. Écoutez la piste audio et prononcez le vocabulaire.

A	10-03	
Je mange		
1	une pomme	リンゴ
2	un yaourt	ヨーグルト
3	.... sandwich (男)	サンドイッチ
4	.... onigiri (男)	おにぎり
5	.... croissants (男)	クロワッサン
6	.... viennoiserie (女)	菓子パン
7	.... céréales (女)	シリアル

B	10-04	
Je mange		
1	du riz	米
2	de la soupe de miso	味噌汁
3	.... pain (男)	パン
4	.... poisson (男)	魚
5	.... natto (男)	納豆
6	.... salade (女)	サラダ
7	.... fromage (男)	チーズ

Points de la leçon :	レッスンのポイント:		
▶ articles indéfinis / partitifs	▶ 不定冠詞 / 部分冠詞	ÉTUDIANTS 生徒	PROFESSEURS 先生
▶ article défini (sens général)	▶ 一般的な意味の不定冠詞		
▶ ça = le / la / les ~	▶ ça = le / la / les ~		

3. **Pratique à deux** 会話の基礎練習

右の例にならって、クラスメイトと
会話の練習をしましょう。その際に
は、前頁の単語リストAとBの単語
を1つずつ順番に使いましょう。

Pratiquez à l'oral avec un cama-rade. Parcourez systématiquement les boîtes de vocabulaire A et B du Point 1.

> Tu manges une pomme le matin ?
> 🄐 🄑

> Oui, je mange une pomme.
> 🄐 🄑

> Moi, je ne mange pas de pommes.
> 🄐 🄑

Point 2　ポイント2　　J'aime les pommes.　りんごが好です。

1. 音声を聴きながら、次の文に目を通しましょう。　*Lisez les phrases en écoutant la piste audio.*　　　10-05 🔊

Le matin, je mange une pomme. J'aime les pommes.	朝は、りんごを1個食べます。 私はりんごが好きです。
Le matin, je mange du riz. J'aime le riz.	朝は、お米を食べます。私はお米が好きです。

Structure 2　モデル文2

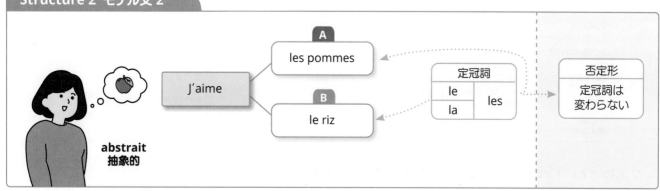

2. **Pratique à deux** 会話の基礎練習

単語リストAに適切な定冠詞（複数）を、単語リストBに適切な定冠詞（単数）を書き込みましょう。
その後、パートナーと会話の練習をしましょう。

Écrivez les articles et les noms dans les boîtes A et B. Puis pratiquez à l'oral avec un camarade.

A	10-06 🔊
J'aime	
1　les pommes	リンゴ
2　............................	ヨーグルト
3　............................	サンドイッチ
4　............................	おにぎり
5　............................	クロワッサン
6　............................	菓子パン
7　............................	シリアル

B	10-07 🔊
J'aime	
1　le riz	米
2　............................	味噌汁
3　............................	パン
4　............................	魚
5　............................	納豆
6　............................	サラダ
7　............................	チーズ

> Tu aimes les pommes ?
> 🄐 🄑

> Oui, j'aime les pommes.
> 🄐 🄑

> Moi, je n'aime pas les pommes.
> 🄐 🄑

Enquête アンケート

1. 以下のフローチャートを読んで、クラスメイトにインタビューできるように準備しましょう。

Préparez-vous à interroger vos camarades.

不定冠詞

Je mange un / une / des ....

Je mange du / de la /de l' ....

部分冠詞

定冠詞（複数）

Tu aimes les .... ?

Tu aimes le / la / l' .... ?

定冠詞（単数）

Qu'est-ce que tu manges le matin ?

Le matin, je mange du riz et du natto.

Et qu'est-ce que tu bois ?

Je bois du thé.

Vocabulaire supplémentaire 追加語彙				10-08
1	boire	飲む	8 du jus d'orange	オレンジジュース
2	je bois	私は飲む	9 de l'eau	水
3	tu bois	あなたは飲む	10 j'aime beaucoup	大好きです
4	vous buvez	あなた（達）は飲む	11 j'aime	好きです
5	du café	コーヒー	12 j'aime bien	好きです
6	du thé	お茶	13 je n'aime pas beaucoup	あまり好きではありません
7	du lait	牛乳	14 je n'aime pas	好きではありません

Aliments et boissons
食べ物と飲み物

2. クラスメイトにインタビューし、その回答を以下に記録しましょう。

Interrogez plusieurs camarades et notez leurs réponses ci-dessous.

	名前 Prénom	朝何を食べる？ mange quoi le matin ?	それが好き？ aime bien ça ?	朝何を飲む？ boit quoi le matin ?	それが好き？ aime bien ça ?
例	Mai	du riz et du natto	non	du thé	oui
1人目					
2人目					
3人目					
4人目					
5人目					

Conversation　会話のための練習

ÉCOUTER　リスニング　　　　　10-09 🔊

音声を聴いて、空欄に単語を書きましょう。

Écoutez la piste audio et écrivez les mots manquants.

Fabien :　Qu'est-ce que tu manges ...., Kenji ?

Kenji :　En général, je mange .... avec du

　　　　　　poisson et de la soupe de miso.

Fabien :　C'est bon pour la santé, ça ! Et qu'est-ce que tu

　　　　　　............................. ?

Kenji :　Du thé vert. Et toi ?

Fabien :　Moi, le matin je bois .... et

　　　　　　je mange du pain avec du chocolat.

Kenji :　Du chocolat ? Le matin ?

Fabien :　Oui, j'aime beaucoup .... chocolat.

Vocabulaire supplémentaire　追加語彙　10-10 🔊

1	En général, ...	普通は
2	C'est bon pour la santé.	体に良いです。
3	du pain avec ...	〜が塗ってあるパン
4	du chocolat	チョコレート（ペースト）

ÉCRIRE　作文

本課で学習したことを踏まえて、日常生活に基づいた会話文をパートナーと一緒に書きましょう。

Écrivez un dialogue avec un partenaire en vous basant sur vos vies.

....

....

....

....

....

....

....

....

....

....

....

....

La suite　繰り返し学習しよう

Exercices
練習問題　▶　p. 112

Fiche récapitulative
まとめシート　▶

11 Sortir à Paris
パリで遊ぶ

1. 単語を確認しながら音声を聴き、声に出して繰り返しましょう。

   Lisez en écoutant les pistes audio. Répétez.

2. サイトにアクセスして、発音練習の続きをしましょう。

   Accédez au site pour la suite des exercices de prononciation.

Prononciation 発音 — Diaporama 11

de... à... ...から...まで — 11-01

固有名詞 **nom propre**	de Paris à Versailles de Notre-Dame à Montmartre

de+le → à+le

普通名詞
nom commun

du Louvre au musée d'Orsay
de la station Châtelet à la tour Eiffel
de l'Opéra à l'Arc de Triomphe
des Invalides aux Champs Élysées

de+les → à+les

Point 1 ポイント1 — Ça prend combien de temps？ どのくらい時間がかかりますか？

11-02

1. 音声を聴きながら、次の文に目を通しましょう。

   Lisez les phrases en écoutant la piste audio.

Ça prend combien de temps de Paris à Versailles ?	パリからヴェルサイユまでどのくらい時間がかかりますか？
Ça prend environ une heure en train.	電車でだいたい1時間かかります。

Structure 1 モデル文1

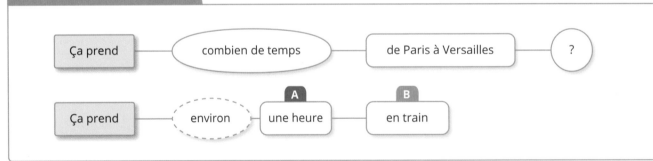

Ça prend — combien de temps — de Paris à Versailles — ?

Ça prend — environ — une heure **A** — en train **B**

2. **Pratique à deux 会話の基礎練習**

   クラスメイトと会話の練習をしましょう。場所の名前は、ページ上部の緑の枠の中にあるものを使用しましょう。

   Pratiquez à l'oral avec un partenaire. Utilisez le contenu de "Prononciation" pour les noms de lieux.

Ça prend combien de temps de Paris à Versailles ?

Ça prend environ *une heure en train*. **A** **B**

	A	11-03			B	11-04
1	une heure	1時間		1	en train	電車で
2	une demi-heure	30分		2	à pied	徒歩で
3	un quart d'heure	15分		3	à / en vélo	自転車で
4	vingt minutes	20分		4	en Vélib'	レンタル自転車で
5	dix minutes	10分		5	en métro	地下鉄で
6	cinq minutes	5分		6	en bus	バスで

Points de la leçon :
▸ localisation temporelle
▸ de + le = du, à + le = au

レッスンのポイント:
▸ 時間をあらわす単語
▸ de+le = du, à+le = au

ÉTUDIANTS
生徒

PROFESSEURS
先生

Point 2 ポイント2　Tu aimerais aller au Louvre avec moi?　私と一緒にルーヴルに行きませんか?

11-05 🔊

1. 音声を聴きながら、次の文に目を通しましょう。

Lisez les phrases en écoutant la piste audio.

Tu aimerais aller au Louvre avec moi demain?	明日私と一緒にルーヴルに行きませんか?
D'accord!	わかりました!
J'aimerais bien, mais je dois travailler.	行きたいですけど、働かねばなりません。
J'aimerais bien, mais je ne peux pas sortir.	行きたいですけど、出かけることが出来ません。

Structure 2　モデル文 2

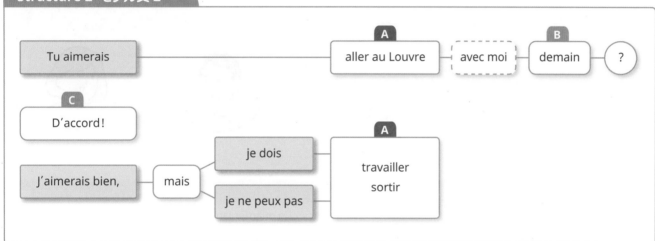

2. Pratique à deux　会話の基礎練習

例にならって、このページで登場した単語や表現を使用し、パートナーに対して、遊びに出かける提案をしてみましょう。パートナーは、それを受け入れるか、あるいは理由を話して断りましょう。

Pratiquez librement avec un partenaire: proposez des sorties, acceptez ou déclinez.

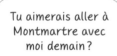

	A	11-06 🔊
1	aller au Louvre	ルーヴルに行く
2	aller voir une expo	展覧会を観に行く
3	aller manger au restau	レストランへ食べに行く
4	travailler	働く
5	préparer un examen	試験勉強をする
6	préparer un rapport	レポートを準備する
7	sortir	外出する

	B	11-07 🔊
1	demain	明日
2	samedi	土曜日に
3	dimanche	日曜日に
4	ce week-end	今週末

	C	11-08 🔊
1	D'accord!	わかりました!
2	Avec plaisir!	喜んで!

1. パリで訪れたい場所（美術館、建造物など）と散策したい場所を以下のリストから１つずつ選びましょう。その後、Google Maps を使って、２つの場所を移動するための交通手段と所要時間を調べましょう。（ルーヴル美術館とカルチェ・ラタンを選んだ場合：交通手段は徒歩、所要時間は 18 分）

Choisissez deux endroits à Paris : un endroit à visiter (musée, monument…) et un endroit où vous promener. Puis regardez sur Google Maps pour prévoir le moyen de transport que vous allez utiliser entre les deux et le temps que cela vous prendra.

Tu aimerais aller où ?

J'aimerais aller à la tour Eiffel et au jardin des plantes.

Ça prend combien de temps de la tour Eiffel au jardin des plantes ?

Ça prend une demi-heure en métro et à pied.

	Visiter　訪れたい場所	11-09 🔊
1	le Louvre	ルーヴル美術館
2	le musée d'Orsay	オルセー美術館
3	le château de Versailles	ヴェルサイユ宮殿
4	l'Arc de Triomphe	凱旋門
5	la tour Eiffel	エッフェル塔

	Se promener　散策したい場所	11-10 🔊
1	le quartier latin	カルチェ・ラタン（地区）
2	le jardin du Luxembourg	リュクサンブール公園
3	le Marais	マレ地区
4	les Champs Elysées	シャンゼリゼ通り
5	le Printemps	プランタン（デパート）

2. クラスメイトにインタビューし、その回答を以下に記録しましょう。

Interrogez plusieurs camarades et notez leurs réponses ci-dessous.

	名前 Prénom	行きたい場所 ❶ aller où ?	行きたい場所 ❷ aller où ?	時間は？ Ça prend combien de temps ?	交通手段は？ comment ?
例	Chloé	la tour Eiffel	le jardin des plantes	une demi-heure	en métro et à pied
1人目					
2人目					
3人目					
4人目					
5人目					

ÉCOUTER リスニング   11-11 🔊

音声を聴いて、空欄に単語を書きましょう。

Écoutez la piste audio et écrivez les mots manquants.

Chloé : Masa, est-ce que tu connais Paris ?

Masa : Non, pas tellement.

Chloé : Ah bon. Moi non plus. Je suis .... Brest.

Masa : J'aimerais aller au Palais Garnier samedi.
Tu veux venir avec .... ?

Chloé : Le Palais Garnier ? Ah oui, l'Opéra Garnier !
Avec plaisir ! Ça doit être intéressant. On
pourrait aller dans le Marais aussi.

Masa : Ça prend combien de ....
de l'Opéra Garnier au Marais ?

Chloé : Ça prend environ une demi-heure à pied.

Masa : Oh, c'est ....

Chloé : Non, ça va ! Et c'est très beau. On pourrait
passer par le jardin du Palais Royal. C'est
près .... Louvre.

Masa : D'accord ! Je connais un restaurant
marocain près du Louvre.

vocabulaire supplémentaire 追加彙   11-12 🔊

1	tu connais＋名詞／名前	～を知っていますか
2	je connais＋名詞／名前	～を知っています
3	pas tellement	そんなに
4	On pourrait...＋不定詞	～をするのはどうか（英：We could...)
5	passer par	～を通る

ÉCRIRE 作文

本課で学習したことを踏まえて、日常生活に基づいた会話文をパートナーと一緒に書きましょう。

Écrivez un dialogue avec un partenaire en vous basant sur vos vies.

....

....

....

....

....

....

....

....

....

La suite 繰り返し学習しよう

Exercices
練習問題 ▶ 📖 p. 113

Fiche récapitulative
まとめシート ▶ 💻

12 Panorama 2
総復習 2

Point 1 ポイント1 | Prononciation 発音 | Diaporama 12

1. 以下はフランスでよく知られている文です。声に出して読んでみましょう。

12-01 🔊

Prononcez ces phrases célèbres.

1. « *Je pense donc je suis.* »　Descartes

2. « *Liberté, égalité, fraternité.* »　Robespierre

3. « *On ne voit bien qu'avec le cœur.* »　Saint-Exupéry

4. « *Impossible n'est pas français.* »　Napoléon Bonaparte

*Enfin !
Je parle dans la langue
de Molière.*

Point 2 ポイント2 | Grammaire 文法

1. 以下の表は、5 課から 11 課までに学習した冠詞と所有形容詞の一部です。よく読んで、復習しましょう。

Consultez le tableau récapitulatif ci-dessous qui donne une vue d'ensemble des déterminants que vous avez utilisés dans les leçons 5 à 11.

Déterminants 冠詞と所有形容詞の一部				
不定冠詞 Indéfini ①	部分冠詞 Partitif ②	定冠詞 Défini ③ ④		所有形容詞 Adjectifs possessifs ⑤
un / une | des	du (de l') / de la (de l')	le / la | les		mon ton son / ma ta sa | votre / mes tes ses | vos
		具体的な意味 Sens précis ③	概念など広い意味 Sens général ④	
例：un chien	例：du pain	例：le MacDo près d'ici	例：le riz	例：ma mère

2. ①〜③の中から適切なものを選びましょう。　*Choisissez entre ①, ② et ③.*

1. Je mange (　) riz le matin.　　　　　① un　　　② du　　　③ le

---

2. J'ai (　) chat.　　　　　　　　　　　① un　　　② du　　　③ le

---

3. J'aime bien (　) thé vert.　　　　　① le　　　② un　　　③ les

---

4. Je viens à (　) université à pied.　① une　　② la　　　③ l'

---

5. C'est (　) père qui fait la cuisine.　① sa　　　② son　　③ ses

---

6. Qu'est-ce que tu as comme (　) téléphone?　① 冠詞なし　② un　　　③ le

Points de la leçon :
- Bilan de compétences (leçons 7 à 11)
- Dialogue récapitulatif

レッスンのポイント:
- 7-11課までの文法の復習
- 既習事項をつかった対話文 2

ÉTUDIANTS
生徒

PROFESSEURS
先生

3. 以下の表に、指定された動詞の活用を主語とともに書きましょう。

Écrivez les conjugaisons dans le tableau ci-dessous.

12-02

	avoir 持つ・飼う	faire する	manger 食べる	aimer 好き
私	....	....	....	....
あなた	....	....	....	....
彼／彼女	....	....	....	....
私達	....	....	....	....
あなた（達）	....	....	....	....
彼ら／彼女ら	....	....	....	....

4. これまでにひとつのかたまり・表現として学習した動詞を以下に書きましょう。

Écrivez les verbes que nous avons étudiés sous forme d'expressions figées.

1. 私は〜ができる ....

2. 私は〜なければならない ....

3. 私は〜を知っている ....

4. あなたは〜を知っている ....

5. 〜がかかる（英：it takes）...

6. 〜をするのはどうか（英：we could）...

Point 3　ポイント3　Communication　コミュニケーション

1. 7-11 課で学習した構文を使って、クラスメイトにインタビューし、その結果を以下に記録しましょう。

Interrogez plusieurs camarades et notez leurs réponses ci-dessous.

	1人目	2人目
名前 Prénom		
動物は？ Animaux?		
兄弟姉妹は？ Frères et soeurs? *		
恋人は？ Petit(e) ami(e)? *		
家事はする？ Tâches ménagères		
朝ごはんは何を食べる？ Petit déjeuner		
どこに行ってみたい？ Aimerait aller où, à Paris?		

* 職業や性格について詳しく述べましょう　Donnez des détails : occupation, personnalité, ...

Dialogue récapitulatif 2　既習事項をつかった対話文 2

ÉCOUTER リスニング

12-03 🔊

音声を聴いて、空欄に単語を書きましょう。
Écoutez la piste audio et écrivez les mots manquants.

Aya : Salut Éric ! Dis-moi, tu .... monter à la tour Eiffel samedi avec moi ?

Éric : Désolé, je ne peux pas… Je dois aider mon frère ce week-end. Il prépare son bac.

Aya : C'est dommage. Mais je comprends. C'est la famille ! Ton frère a .... âge ?

Éric : Il a 17 ans. Je l'aime bien mais il n'est pas très sérieux.

Aya : Ah bon ! Il n'aime pas étudier ?

Éric : Non, il préfère faire la .... ! Il fait des gâteaux tous les jours.

Aya : Tu as de la chance ! J'adore .... gâteaux ! Moi, je n'ai pas de frères et sœurs mais j'ai un chat…

Vocabulaire supplémentaire 追加語彙　12-04 🔊

1	monter	登る
2	C'est dommage.	残念です。
3	aider	手伝う
4	le bac	バカロレア試験
5	je comprends	わかる
6	sérieux, sérieuse	真面目
7	préférer ~	~をする方が好き
8	J'adore	大好き

vu dans LEÇON 8

Culture et conversation 文化と会話

Parler de soi-même
自分について話すこと

Éric : Elle est célibataire. Elle est très timide. Elle habite à Lyon.

Ai : Moi, j'ai un frère et une sœur. Ma sœur a quinze ans. Elle est lycéenne.

フランス語で会話をする時、相手に聞かれていなかったとしても、自分の話を始めることがよくあります。この姿勢は、会話に興味を持って参加していることを示すだけでなく、相手と協力して会話の流れを良くしようとする意思表示でもあるからです。とはいえ、もちろん、相手の話を聞かずに勝手に脱線したりするのは避けた方がいいですね。

また、もし相手が自分自身について話したあとに、今度はあなたが同じテーマで話しをすることになったら、「Moi, …」という表現から文を始めてみてください！

Quand on a une conversation en français, on parle souvent de soi-même sans attendre d'y avoir été invité par une question. Cela montre que l'on s'intéresse à la conversation et qu'on veut coopérer activement à son bon déroulement.
Bien sûr, essayez de faire cela à propos : évitez de dire des choses qui n'ont aucun rapport avec ce qui précède.
→ Si votre interlocuteur vient de parler de lui sur le même sujet, n'oubliez pas de commencer votre phrase par "Moi, …" !

Écrire　作文

7-11 課で学習した内容をもとにして対話文を作成してみましょう。

- 疑問詞を使った疑問文と、はい・いいえで答える疑問文の2つを使用しましょう（*Tu as un chien ?* ／ *Qu'est-ce que tu as comme chien ?* など）。
- 返答する際は、情報を付け足して会話を発展させましょう。
- 以下のようなあいづちや、文頭に使う表現を効果的に使用しましょう。

Écrivez un dialogue qui utilise les contenus des leçons 7 à 11.

- *Variez la forme des questions que vous posez (fermées / ouvertes). Par exemple : Tu as un chien ? Qu'est-ce que tu as comme chien ?*
- *Donnez des réponses riches : quand vous répondez à une question, ajoutez au moins une information supplémentaire.*
- *Essayez d'utiliser une ou plusieurs des expressions ci-dessous.*

En général, ...	C'est... qui...	Ah bon	qu'est-ce que... comme...

13 Parler des matières et des profs
科目・先生について話す

1. 単語を確認しながら音声を聴き、声に出して繰り返しましょう。

   Lisez en écoutant les pistes audio. Répétez.

2. サイトにアクセスして、発音練習の続きをしましょう。

   Accédez au site pour la suite des exercices de prononciation.

Prononciation 発音

Diaporama 13

aimer 好き（規則動詞） 13-01

j'aime
tu aimes
il / elle aime
nous aimons
vous aimez
ils / elles aiment

13-02

Matières 科目
le français
la sociologie
les maths
l'économie

13-03

	Profs 先生
	de français
le prof	**de** sociologie
la prof	**de** maths
	d'économie

Point 1 ポイント1 — Tu aimes les maths ? 数学は好きですか?

1. 音声を聴きながら、次の文に目を通しましょう。

   Lisez les phrases en écoutant la piste audio.

13-04

Tu aimes les maths ?	数学は好きですか?
Est-ce que vous aimez l'anglais ?	英語は好きですか?
Oui, j'aime bien ça.	はい、好きです。

Structure 1 モデル文1

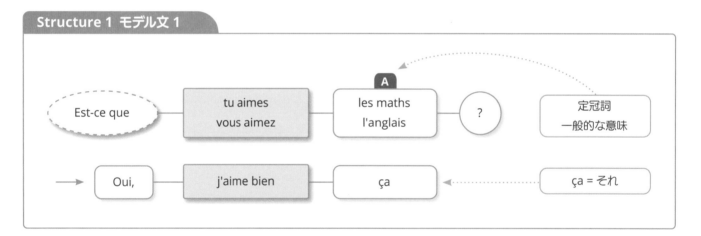

2. **Pratique à deux 会話の基礎練習**

   右の例にならって、クラスメイトと会話の練習をしましょう。その際には、単語リストAの単語を1つずつ順番に使いましょう。

   Pratiquez à l'oral avec un camarade. Parcourez systématiquement la boîte de vocabulaire A.

A 13-05
J'aime
1 les maths — 数学
2 l'anglais — 英語
3 l'économie — 経済学
4 le droit — 法学
5 la physique — 物理学
6 la sociologie — 社会学

Matières 科目

Tu aimes les maths ?
Oui, j'aime bien ça.
Moi, je n'aime pas beaucoup ça.

Points de la leçon :	レッスンのポイント：	ÉTUDIANTS 生徒		PROFESSEURS 先生	
▸ article défini (sens précis et général)	▸ 定冠詞（一般的な意味と特定的な意味）				
▸ ça / pronom COD	▸ ça / 直接目的語代名詞				

Point 2　ポイント2　Tu aimes bien le prof de maths ?　数学の先生は好きですか？

13-06 🔊

1. 音声を聴きながら、次の文に目を通しましょう。

Lisez les phrases en écoutant la piste audio.

Tu aimes bien le prof de maths ?	数学の先生は好きですか？
Est-ce que vous aimez bien la prof d'anglais ?	英語の先生は好きですか？
Oui, je l'aime bien.	はい、好きです。

Structure 2 モデル文 2

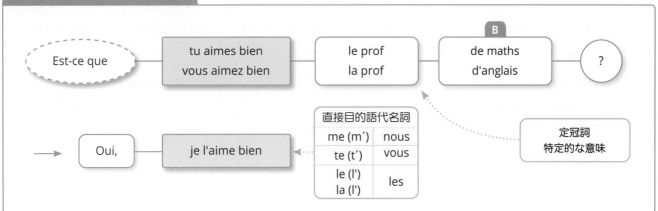

2. **Pratique à deux 会話の基礎練習**

単語リスト B に「de」または「d'」を書き込みましょう。次に、右の例にならって、クラスメイトと会話の練習をしましょう。その際には、単語リスト B の単語を 1 つずつ順番に使いましょう。

Écrivez « de » ou « d' » dans le tableau B. Parcourez systématiquement la boîte de vocabulaire B.

B	13-07 🔊
le prof / la prof　先生	
1　de maths	数学の
2　d'anglais	英語の
3　..........　économie	経済学の
4　..........　droit	法学の
5　..........　physique	物理学の
6　..........　sociologie	社会学の

Tu aimes bien <u>le prof de maths</u> ?　B

Oui, je l'aime bien.

Moi, je ne l'aime pas beaucoup.

3. 日本語の文をフランス語に訳しましょう。

Traduisez en français les phrases exemples.

1.　数学は好きですが、数学の先生はあまり好きではありません。 ....

2.　英語は好きではありません。フランス語の方が好きです。　（私は～の方が好き：Je préfère）

　...

3.　私もです。それが大好きです！ ....

4.　社会学はあまり好きではありません。 ....

5.　私もです（否定）。でも、社会学の先生は好きです。 ....

Enquête アンケート

1. クラスメイトに好きな科目や先生について質問しましょう。答える人は、なぜそれが好きなのか、あるいは嫌いなのか形容詞を用いて説明してください。また、できる人は「et そして」や「mais でも」を使用して、2 つの形容詞で説明をしてみましょう（例「C'est difficile **mais** utile」、「Je trouve ça facile **et** intéressant」）。

*Posez des questions à vos camarades sur les matières et les profs qu'ils ont. Justifiez vos réponses en utilisant des adjectifs. Quand c'est possible, donnez des réponses nuancées, par exemple « C'est difficile **mais** utile » ou « Je trouve ça facile **et** intéressant ».*

matière 科目 le / la / les / l' 〜		prof masculin　男性の先生 le prof de 〜		prof féminin　女性の先生 la prof de 〜	
C'est Je trouve ça ─ 形容詞の男性形		Il est Je le trouve ─ 形容詞の男性形		Elle est Je la trouve ─ 形容詞の女性形	
	13-08 🔊		13-09 🔊		13-10 🔊
1　facile	簡単な	1　sympa	感じがいい	1　sympa	感じがいい
2　difficile	難しい	2　sévère	厳しい	2　sévère	厳しい
3　intéressant	面白い	3　intéressant	面白い	3　intéressante	面白い
4　ennuyeux	退屈な	4　ennuyeux	退屈な	4　ennuyeuse	退屈な
5　utile	役に立つ	5　gentil	優しい	5　gentille	優しい

Tu aimes les maths ?

Non, je n'aime pas ça.
C'est difficile…

Moi je trouve ça
intéressant.

Vocabulaire supplémentaire　追加語彙　13-11 🔊	
1　Je trouve ça ＋形容詞（男）	私はそれを…と思う
2　Je le trouve＋形容詞（男）	私は彼を…と思う
3　Je la trouve＋形容詞（女）	私は彼女を…と思う

2. クラスメイトにインタビューし、その回答を以下に記録しましょう。

Interrogez plusieurs camarades et notez leurs réponses ci-dessous.

	名前 Prénom	科目 Matières		先生 Profs	
		好きですか？ Il / Elle aime…?	なぜ？ Pourquoi ?	好きですか？ Il / Elle aime bien…?	なぜ？ Pourquoi ?
例	Jun	l'économie / non	difficile	la prof d'anglais / oui	sympa et intéressante
1人目					
2人目					
3人目					

ÉCOUTER リスニング　　　　　　　　　　　　　　　　13-12 🔊

音声を聴いて、空欄に単語を書きましょう。

Écoutez la piste audio et écrivez les mots manquants.

Isabelle : Salut Marc, ça va ?

Marc : Oui, ça va. Mais j'ai cours de maths

aujourd'hui. Je n'aime pas du tout

.... maths.

Isabelle : Moi .... Mais c'est utile...

Marc : Je préfère l'anglais.

Isabelle : Moi aussi. J'aime bien la ....

d'anglais. Elle est sympa.

Marc : Moi, je la trouve trop sévère.

Isabelle : Et le prof de sociologie, tu .... bien ?

Marc : Oui, je l'aime beaucoup. ....

.... gentil et intéressant.

Isabelle : C'est vrai.

Vocabulaire supplémentaire 追加語彙　13-13 🔊

1	Salut	やあ（英：Hi!）
2	J'ai cours de ...	〜の授業があります
3	aujourd'hui	今日
4	Je n'aime pas du tout ...	〜は全然好きではありません
5	Je préfère ...	〜の方が好きです
6	trop	〜すぎる
7	C'est vrai.	本当ですね／そうですね。

ÉCRIRE 作文

本課で学習したことを踏まえて、日常生活に基づいた会話文をパートナーと一緒に書きましょう。

Écrivez un dialogue avec un partenaire en vous basant sur vos vies.

....

....

....

....

....

....

....

....

....

La suite　繰り返し学習しよう

Exercices
練習問題　▶　📖 p. 114

Fiche récapitulative
まとめシート　▶　💻

14 *Parler des loisirs*
クラブ活動について話す

1. 単語を確認しながら音声を聴き、声に出して繰り返しましょう。

   Lisez en écoutant les pistes audio. Répétez.

2. サイトにアクセスして、発音練習の続きをしましょう。

   Accédez au site pour la suite des exercices de prononciation.

Prononciation 発音　　　Diaporama 14

faire する 14-01 🔊

je fais
tu fais
il / elle fait
nous faisons
vous faites
ils / elles font

le ○○ de ○○ 14-02 🔊

le prof **de** français
la prof **d'**économie
le club **de** tennis
le cercle **d'**athlétisme

> Pas d'article!
> 冠詞はつかない!

Point 1　ポイント1　　Est-ce que tu fais une activité?　課外活動をしていますか?

14-03 🔊

1. 音声を聴きながら、次の文に目を通しましょう。

   Lisez les phrases en écoutant la piste audio.

Est-ce que tu fais une activité?	課外活動をしていますか?
Est-ce que vous faites une activité?	課外活動をしていますか?
Oui, je fais du théâtre.	はい、演劇をしています。
Oui, je fais de la guitare.	はい、ギターを弾きます。
Oui, je fais de l'athlétisme.	はい、陸上競技をしています。
Non, je ne fais pas d'activité.	いいえ、課外活動をしていません。

Structure 1　モデル文1

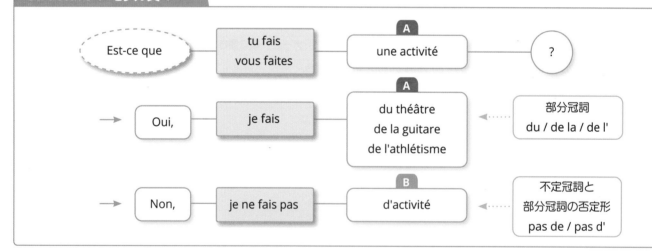

2. 次頁にある単語リスト B の空欄に正しい語を書き込みましょう。次に音声を聴き、単語の発音を練習しましょう。

   Écrivez les mots manquants dans la boîte de vocabulaire B. Écoutez les pistes audio et prononcez le vocabulaire.

A 14-04 🔊			
Je fais			
1 une activité	課外活動	5 du sport	スポーツ
2 du théâtre	演劇	6 de la musique	音楽
3 de la guitare	ギター	7 de la danse	ダンス
4 de l'athlétisme	陸上競技	8	....

Points de la leçon :
▶ faire + article partitif
▶ membre du club / d'un club

レッスンのポイント:
▶ faire + 部分冠詞
▶ membre du club / d'un clubの使い方

ÉTUDIANTS 生徒   PROFESSEURS 先生

3. Pratique à deux
会話の基礎練習

右の例にならって、クラスメイトと会話の練習をしましょう。その際には、単語リストAとBの単語を1つずつ順番に使いましょう。

Pratiquez à l'oral avec un camarade en parcourant systématiquement les boîtes de vocabulaire A et B.

B 14-05 🔊
Je ne fais pas
1 d'activité
2 .... théâtre
3 .... guitare
4 .... athlétisme
5 .... sport
6 .... musique

Tu fais <u>une activité</u> ? **A**

Oui, je fais <u>une activité</u>. **A**

Moi, je ne fais <u>pas d'activité</u>. **B**

Point 2　ポイント2　Tu es membre d'un club?　あなたはクラブのメンバーですか？

14-06 🔊

1. 音声を聴きながら、次の文に目を通しましょう。

Lisez les phrases en écoutant la piste audio.

Tu es membre d'un club ?	あなたはクラブのメンバーですか？
Oui, je suis membre du club de théâtre.	はい、演劇部のメンバーです。
Non, ça ne m'intéresse pas.	いいえ、興味がありません。
Non, je n'ai pas le temps.	いいえ、時間がありません。

Structure 2 モデル文 2

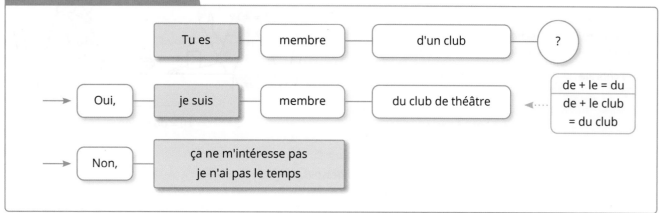

2. 日本語の文をフランス語に訳しましょう。　*Traduisez en français les phrases exemples.*

1. テニスをします。（この大学の）テニスクラブのメンバーです。

   ....

2. 陸上をします。でも、（この大学の）陸上部のメンバーではありません。

   ....

3. 私は課外活動をしていません。時間がありません。

   ....

4. 私はオーケストラ部（オーケストラ部：l'orchestre）のメンバーです。チェロを弾きます。（チェロ：du violoncelle）

   ....

Enquête　アンケート

1. 以下のフローチャートを読んで、クラスメイトにインタビューできるように準備しましょう。
   Préparez-vous à interroger vos camarades.

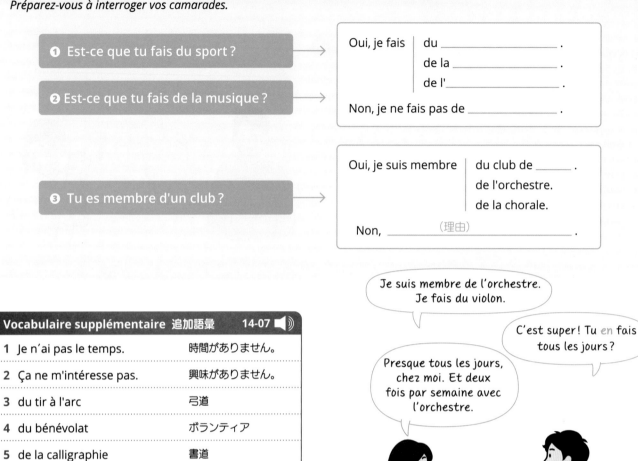

❶ Est-ce que tu fais du sport ?

❷ Est-ce que tu fais de la musique ?

Oui, je fais | du _____ .
de la _____ .
de l'_____ .

Non, je ne fais pas de _____ .

❸ Tu es membre d'un club ?

Oui, je suis membre | du club de _____ .
de l'orchestre.
de la chorale.

Non, _____ (理由)

Je suis membre de l'orchestre.
Je fais du violon.

C'est super ! Tu en fais tous les jours ?

Presque tous les jours, chez moi. Et deux fois par semaine avec l'orchestre.

Vocabulaire supplémentaire 追加語彙	14-07 🔊
1　Je n'ai pas le temps.	時間がありません。
2　Ça ne m'intéresse pas.	興味がありません。
3　du tir à l'arc	弓道
4　du bénévolat	ボランティア
5　de la calligraphie	書道
6　le journal de l'université	大学の新聞
7　le comité d'organisation de la fête de l'université	学祭実行委員会
8　la chorale	合唱

Activités
クラブ活動 📱

en = du violon

2. クラスメイトにインタビューし、その回答を以下に記録しましょう。
   Interrogez plusieurs camarades et notez leurs réponses ci-dessous.

	名前 Prénom	スポーツをする？ Fait du sport ?	音楽をする？ Fait de la musique ?	クラブのメンバー？ club ?
例	Satoshi	Oui, du tennis	Non	club de tennis
1人目				
2人目				
3人目				
4人目				

ÉCOUTER リスニング　　14-08 🔊

音声を聴いて、空欄に単語を書きましょう。

Écoutez la piste audio et écrivez les mots manquants.

Satoshi : Dis-moi Isabelle, est-ce que tu fais une

.... ?

Isabelle : Non, je n'ai pas le temps. Je travaille quatre

fois par semaine.

Satoshi : Ah bon ? C'est beaucoup.

Isabelle : Et .... , Satoshi ? Qu'est-ce que tu fais

comme activité ?

Satoshi : Moi, je fais .... tennis. Je suis membre

du club.

Isabelle : C'est super. Tu en fais combien de fois par

semaine ?

Satoshi : Presque tous les jours !

Isabelle : C'est vrai ? Ça doit être .... !

Satoshi : Oui, mais ça va. J'aime bien ....

Vocabulaire supplémentaire　追加語彙 14-09 🔊

1	quatre fois par semaine	週に 4 回
2	combien de fois par semaine ?	週に何回？
3	C'est beaucoup.	それは多いですね。
4	presque tous les jours	ほとんど毎日
5	C'est vrai ?	本当？

ÉCRIRE 作文

本課で学習したことを踏まえて、日常生活に基づいた会話文をパートナーと一緒に書きましょう。

Écrivez un dialogue avec un partenaire en vous basant sur vos vies.

....

....

....

....

....

....

....

....

....

....

La suite　繰り返し学習しよう

Exercices
練習問題 ▶ p. 115

Fiche récapitulative
まとめシート ▶

15 Parler du quotidien
日常について話す

1. 単語を確認しながら音声を聴き、声に出して繰り返しましょう。その後、サイトにアクセスして、発音練習の続きをしましょう。
   Lisez en écoutant les pistes audio. Répétez. Accédez au site pour la suite des exercices de prononciation.

Prononciation 発音

se coucher 寝る 15-01 🔊

je me couche
tu te couches
il / elle se couche
nous nous couchons
vous vous couchez
ils / elles se couchent

se lever 起きる 15-02 🔊

je me lève
tu te lèves
il / elle se lève
nous nous levons
vous vous levez
ils / elles se lèvent

liaisons リエゾン		15-03 🔊
	単独の場合	次に来る単語が母音または無音のhで始まる場合
2	deux	deux⌢heures [z]
3	trois	trois⌢heures [z]
6	six	six⌢heures [z]
9	neuf	neuf⌢heures [v]
10	dix	dix⌢heures [z]

Point 1　ポイント1　Tu te lèves tôt le lundi？　月曜日は早く起きますか？

15-04 🔊

1. 音声を聴きながら、次の文に目を通しましょう。

   Lisez les phrases en écoutant la piste audio.

Tu te lèves tôt le lundi ?	月曜日は早く起きますか？
Oui, je me lève tôt.	はい、早く起きます。
Vous vous levez tôt le week-end ?	週末は早く起きますか？
Non, je me lève tard.	いいえ、遅く起きます。

Structure 1 モデル文 1

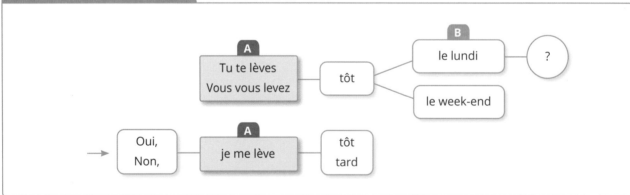

2. 単語リスト A の空欄に動詞の活用を書きましょう。

   Écrivez les formes manquantes dans la boîte A.

A		15-05 🔊
1	je me lève	私は起きる
2	tu	あなたは起きる
3	vous	あなた（達）は起きる
4	je me couche	私は寝る
5	tu	あなたは寝る
6	vous...............	あなた（達）は寝る

B		15-06 🔊
1	le lundi	月曜日
2	le mardi	火曜日
3	le mercredi	水曜日
4	le jeudi	木曜日
5	le vendredi	金曜日
6	le samedi	土曜日
7	le dimanche	日曜日

64　Leçon 15 - Parler du quotidien

Points de la leçon :
▸ verbes pronominaux
▸ l'heure

レッスンのポイント:
▸ 代名動詞
▸ 時間

ÉTUDIANTS 生徒

PROFESSEURS 先生

3. Pratique à deux　会話の基礎練習

例にならって、右の表に、普段早く起きる曜日には「tôt」と、遅く起きる曜日には「tard」と書きましょう。同様に、夜早く寝る曜日と、遅く寝る曜日も記入しましょう。その後、単語リストBの表現を1つずつ使って、パートナーに朝早く起きているか、夜遅く寝ているか、曜日ごとに聞きましょう。

Dans l'agenda ci-contre, notez pour chaque jour de la semaine si vous vous levez et vous couchez tôt ou tard. Puis pratiquez avec un camarade : pour chaque jour de la semaine (boîte B), demandez à votre camarade s'il se lève et se couche tôt ou tard et essayez de comprendre ses réponses.

	lundi	mardi	mercredi	jeudi	vendredi	samedi	dimanche
tôt (6h)							
tôt (22h)							

Tu te lèves tôt le lundi? B

....

Et tu te couches tard?

....

Point 2　ポイント2　Tu pars de chez toi à quelle heure?　何時に家を出ますか？

15-07 🔊

1. 音声を聴きながら、次の文に目を通しましょう。

Lisez les phrases en écoutant la piste audio.

Tu pars de chez toi à quelle heure ?	何時に家を出ますか？
Vous partez de chez vous à quelle heure ?	何時に家を出ますか？
Je pars vers sept heures.	私は7時ごろ出発します。

Structure 2　モデル文 2

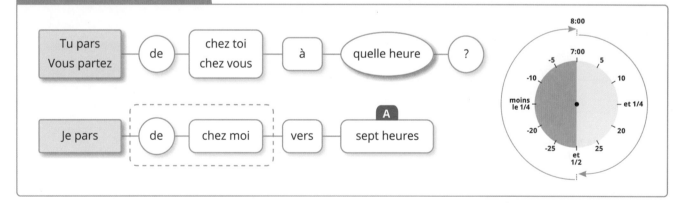

2. 日本語の文をフランス語に訳しましょう。

Traduisez en français les phrases exemples.

1. 授業がない時は、遅く起きます。（次頁追加語彙を参照：quand...）

....

2. 私はテニスを毎日7時から8時半までします。（第11課を参照：de... à...）

....

3. 私はここから遠くに住んでいます。朝は、6時に家を出ます。（朝は：le matin）

....

	A	15-08 🔊
1	sept heures	7時
2	sept heures cinq	7時5分
3	sept heures et quart	7時15分
4	sept heures et demie	7時30分
5	huit heures moins le quart	7時45分 (8時15分前)
6	huit heures moins dix	7時50分 (8時10分前)

Enquête　アンケート

1. 以下のフローチャートを読んで、クラスメイトにインタビューできるように準備しましょう。

Préparez-vous à interroger vos camarades.

❶ Tu te lèves tôt en général ?
❷ Tu te couches tôt en général ?

→

| Je me lève tôt | quand _____ . |
| Je me couche tard | le _____ . |

❸ Tu pars de chez toi à quelle heure ?

→

| Je pars | à _____ . |
| | vers _____ . |

2. クラスメイトにインタビューし、その回答を以下に記録しましょう。

Interrogez plusieurs camarades et notez leurs réponses ci-dessous.

	名前 Prénom	普通早く起きる？ Il / Elle se lève tôt en général?	普通遅く寝る？ Il / Elle se couche tard en général?	何時に家を出る？ Il / Elle part à quelle heure?
例	Yuri	Ça dépend.	le samedi	vers 8 heures et quart
1人目				
2人目				
3人目				

En général, je me couche tard. Je regarde des vidéos sur internet.

Moi, je me couche tôt ! Et je suis en forme !

<table>
<tr><td colspan="3">Vocabulaire supplémentaire 追加語彙　15-09 🔊</td></tr>
<tr><td>1</td><td>Tu as de la chance !</td><td>ラッキーですね！</td></tr>
<tr><td>2</td><td>Ça dépend.</td><td>場合によります。</td></tr>
<tr><td>3</td><td>le soir</td><td>夜</td></tr>
<tr><td>4</td><td>le matin</td><td>朝</td></tr>
<tr><td>5</td><td>Je suis fatigué(e).</td><td>私は疲れています。</td></tr>
<tr><td>6</td><td>Je suis en forme.</td><td>私は元気いっぱいです。</td></tr>
<tr><td>7</td><td>quand j'ai cours</td><td>授業がある時</td></tr>
<tr><td>8</td><td>quand je n'ai pas cours</td><td>授業がない時</td></tr>
<tr><td>9</td><td>quand je vais à mon club</td><td>部活に行く時</td></tr>
</table>

ÉCOUTER リスニング   15-10 🔊

音声を聴いて、空欄に単語を書きましょう。

Écoutez la piste audio et écrivez les mots manquants.

Simon : En général, tu te .... à quelle heure, Laurence ?

Laurence : Ça dépend. Quand j'ai cours en première période, je .... me lever à six heures, alors je me couche .... onze heures.

Simon : C'est .... ! Moi, en général, je me couche vers deux heures du matin.

Laurence : Ah bon !? Tu n'es pas fatigué ?

Simon : Ça va. Je me lève vers huit heures. .... près d'ici.

Laurence : Ah d'accord. Tu as cours en première période, en général ?

Simon : Oui, tous les .... À propos... Il est quelle .... ?

Laurence : Il est neuf heures moins ....

Simon : Oh là là ! Je vais être en retard !

Vocabulaire supplémentaire 追加語彙 15-11 🔊

1	en première période	1 限に
2	C'est tôt.	早いですね。
3	vers	～ごろ
4	du matin	朝の
5	À propos	ところで
6	Oh là là!	おやおや！
7	Je vais être en retard.	遅れてしまいます。

ÉCRIRE 作文

本課で学習したことを踏まえて、日常生活に基づいた会話文をパートナーと一緒に書きましょう。

Écrivez un dialogue avec un partenaire en vous basant sur vos vies.

....

....

....

....

....

....

....

....

....

....

La suite 繰り返し学習しよう

Exercices
練習問題 ▶ P. 116

Fiche récapitulative
まとめシート ▶

16 Parler du week-end
週末の過ごし方について話す

WEEKEND

1. 単語を確認しながら音声を聴き、声に出して繰り返しましょう。

   Lisez en écoutant les pistes audio. Répétez.

2. サイトにアクセスして、発音練習の続きをしましょう。

   Accédez au site pour la suite des exercices de prononciation.

Prononciation 発音 — Diaporama 16

aller 行く 16-01 🔊 | 16-02 🔊

je vais
tu vas
il / elle va
nous allons
vous allez
ils / elles vont

・ ・ ● je tra **vaille** — 現在形

・ ・ ・ ● je vais tra va **iller** — 近接未来形

Point 1 ポイント1 — Qu'est-ce que tu vas faire ce week-end ? 今週末は何をするつもりですか？

16-03 🔊

1. 音声を聴きながら、次の文に目を通しましょう。

   Lisez les phrases en écoutant la piste audio.

Qu'est-ce que tu vas faire ce week-end ?	今週末は何をするつもりですか？
Qu'est-ce que vous allez faire samedi ?	土曜日は何をするつもりですか？
Je vais aller à la mer.	海に行くつもりです。

Structure 1 モデル文 1

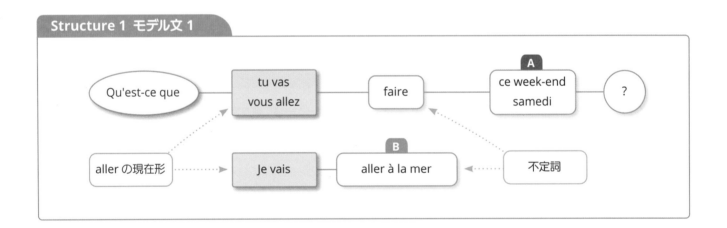

Qu'est-ce que → tu vas / vous allez → faire → [A] ce week-end / samedi → ?

aller の現在形 ┈> Je vais → [B] aller à la mer <┈ 不定詞

2. 単語リスト B の空欄に正しい語を書き込みましょう。次に音声を聴き、単語の発音を練習しましょう。

   Écrivez les mots manquants dans la boîte de vocabulaire B. Écoutez les pistes audio et prononcez le vocabulaire.

	A		16-04 🔊
1	ce week-end		今週末
2	samedi		土曜（に）
3	dimanche		日曜（に）
4	samedi soir		土曜の夜（に）
5	dimanche matin		日曜の朝（に）
6	demain		明日
7	ce soir		今晩
8	pendant les vacances		長期休暇中
9	au nouvel an		新年は

	B		16-05 🔊
1	sortir		外出する
2			働く
3		le ménage	家事をする
4		au cinéma	映画館に行く
5		à mon club	部活に行く
6		ici	ここに来る
7		à la mer	海に行く
8		à Kyoto	京都に行く
9		chez mes parents	実家に帰る

Points de la leçon :
▸ futur proche
▸ verbes pronominaux (présent et futur proche)

レッスンのポイント:
▸ 近接未来形
▸ 代名動詞（現在形・近未来形）

ÉTUDIANTS 生徒

PROFESSEURS 先生

3. Pratique à deux 会話の基礎練習

右の例にならって、クラスメイトと会話の練習をしましょう。その際には、単語リストAとBの単語を1つずつ順番に使いましょう。

Pratiquez à l'oral avec un camarade en parcourant systématiquement les boîtes de vocabulaire A et B.

Est ce que tu vas travailler ce week-end?
B A

Oui, je vais travailler.
B

Moi, je ne vais pas travailler.
B

Point 2　ポイント2　Tu vas te coucher tôt ce soir?　今晩は早く寝るつもりですか？

16-06 🔊

1. 音声を聴きながら、次の文に目を通しましょう。

Lisez les phrases en écoutant la piste audio.

Tu vas te coucher tôt ce soir ?	今晩は早く寝るつもりですか？
Est-ce que vous allez vous reposer ?	休むつもりですか？
Oui, je vais me coucher tôt.	はい、早く寝るつもりです。
Non, je ne vais pas me reposer.	いいえ、休まないつもりです。

Structure 2　モデル文 2

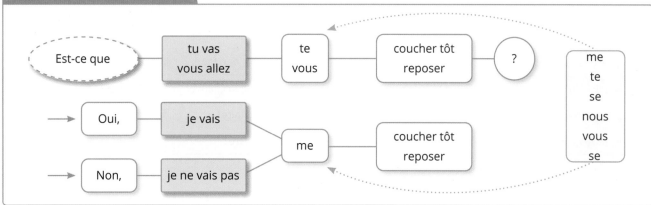

---

2. 日本語の文をフランス語に訳しましょう。 *Traduisez en français les phrases exemples.*

1. 私は土曜日は働くつもりで、日曜日は休むつもりです。

....

2. 私は遅く起きたいですが、働かなければなりません。（第11課参照）

....

3. いつも通り、日曜日は遅く起きるつもりです。

....

4. 普通は、遅く寝ますが、今夜は早く寝るつもりです！

....

16-07 🔊

1	j'aimerais bien + 不定詞 〜したい
2	je dois + 不定詞 〜しなければならない
3	..., comme d'habitude. いつも通り
4	En général, ... / ...en général. 普通は

Enquête　アンケート

1. 以下のフローチャートを読んで、クラスメイトにインタビューできるように準備しましょう。

Préparez-vous à interroger vos camarades.

> ❶ Tu vas travailler ce week-end ?
> ❷ Tu vas te lever tard dimanche ?

→ Oui, je vais _____ .

→ Non, je ne vais pas _____ .

> ❸ Qu'est-ce que tu vas faire samedi ?
> ❹ Qu'est-ce que tu vas faire dimanche ?

→ Je vais (peut-être) _____ .

> Qu'est-ce que tu vas faire ce week-end ?

> Je vais peut-être voir des amis samedi soir. Et dimanche, je vais me reposer !

Vocabulaire supplémentaire　追加語彙　　16-08 🔊

1	peut-être	かもしれない・ひょっとしたら	7	dormir	寝る
2	voir des amis	友達に会う	8	faire un petit voyage	小旅行をする
3	aller à la bibliothèque	図書館に行く	9	Je ne vais rien faire.	何もしないつもりです。
4	faire du sport	スポーツをする	10	Tu as de la chance !	ラッキーですね！
5	regarder un film	（家で）映画を観る	11	Mon pauvre !	可哀想に！（男性に対して）
6	faire du shopping	ショッピングをする	13	Ma pauvre!	可哀想に！（女性に対して）

Loisirs
余暇の過ごし方 📱

2. クラスメイトにインタビューし、その回答を以下に記録しましょう。

Interrogez plusieurs camarades et notez leurs réponses ci-dessous.

	名前 Prénom	週末は働く？ va travailler ce week-end ?	日曜日は遅く起きる？ va se lever tard dimanche ?	土曜日は何をする？ va faire quoi samedi ?	日曜日は何をする？ va faire quoi dimanche ?
例	Kana	non	non (club le matin)	faire la cuisine	club + regarder un film
1人目					
2人目					
3人目					

ÉCOUTER リスニング　16-09 🔊

音声を聴いて、空欄に単語を書きましょう。

Écoutez la piste audio et écrivez les mots manquants.

Nina :　Moi, en général, je me lève ....

　　　　　Mais demain je vais me .... très tôt !

Naoki :　Ah bon ? Pourquoi ?

Nina :　Je vais .... à Nagano avec mon club.

Naoki :　Ah tu as de la chance ! Vous allez ....

　　　　　du ski ?

Nina :　Oui, c'est ça. Et toi, qu'est-ce que tu

　　　　　.................. faire ce week-end ?

Naoki :　Samedi, je vais ....

Nina :　Et dimanche ?

Naoki :　Je ne sais pas encore... D'habitude, je vois

　　　　　des amis. Mais ce dimanche, j'ai besoin de

　　　　　me reposer. Je suis fatigué.

Vocabulaire supplémentaire 追加語彙　16-10 🔊

1	C'est ça.	その通りです。
2	Je ne sais pas encore.	まだわかりません。
3	D'habitude,...	いつも、普段（usually）
4	J'ai besoin de + 不定詞	～する必要がある
5	Je suis fatigué(e).	疲れています。

ÉCRIRE 作文

本課で学習したことを踏まえて、日常生活に基づいた会話文をパートナーと一緒に書きましょう。

Écrivez un dialogue avec un partenaire en vous basant sur vos vies.

....

....

....

....

....

....

....

....

....

....

....

La suite 繰り返し学習しよう

Exercices
練習問題 ▶ p. 117

Fiche récapitulative
まとめシート ▶ 💻

17 Parler de ses goûts
好みについて話す

1. 単語を確認しながら音声を聴き、声に出して繰り返しましょう。その後、サイトにアクセスして、発音練習の続きをしましょう。
Lisez en écoutant les pistes audio, puis accédez au site pour la suite des exercices de prononciation.

Prononciation 発音　　　　　　　　　　Diaporama 17 　17-01 🔊

よく（英：often）	Je regarde	souvent parfois	**des séries**.	Je vais	souvent parfois	**au cinéma**.
時々（英：sometimes）						
決して～ない（英：never）	Je ne regarde jamais **de séries**.			Je ne vais jamais **au cinéma**.		

Point 1　ポイント1　　Tu regardes souvent des séries? ドラマをよく観ますか？

17-02 🔊

1. 音声を聴きながら、次の文に目を通しましょう。

Lisez les phrases en écoutant la piste audio.

Tu regardes souvent des séries ?	ドラマをよく観ますか？
Oui, j'en regarde souvent.	はい、それをよく観ます。
Tu vas souvent au cinéma ?	よく映画館へ行きますか？
Oui, j'y vais souvent.	はい、そこによく行きます。

Structure 1　モデル文 1

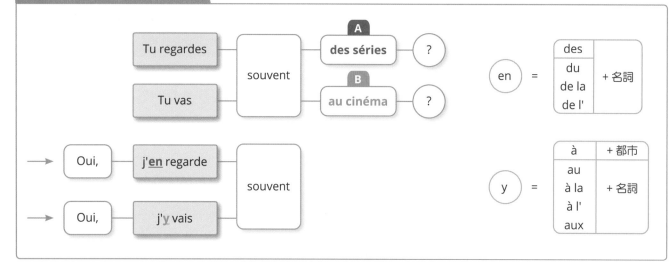

A		17-03 🔊
je regarde tu regardes vous regardez		
1 des séries	ドラマ	
2 des dessins animés	アニメ	
3 des films	映画	
4 des documentaires	ドキュメンタリー	
5 des émissions sur YouTube	YouTube の番組	
6 des vidéos sur Tik Tok	Tik Tok の動画	

	17-03 🔊
je mange tu manges vous mangez	
1 de la viande	肉
2 de la salade	サラダ
3 du pain	パン
4 du natto	納豆
5 des choses sucrées	甘いもの
6 des choses épicées	辛いもの

B	17-04 🔊
je vais tu vas vous allez	
1 au cinéma	映画館に
2 au restaurant	レストランに
3 à la bibliothèque	図書館に
4 à la piscine	プールに
5 à Osaka	大阪に
6 à Harajuku	原宿に

Points de la leçon :
▶ fréquence
▶ ça / y / en

レッスンのポイント：
▶ 頻度に関する質問と答え
▶ ça / y / en の使い方

ÉTUDIANTS 生徒

PROFESSEURS 先生

2. Pratique à trois 会話の基礎練習

以下の例にならって、クラスメイトと3人で会話の練習をしましょう。その際には、単語リストAとBの単語を1つずつ順番に使いましょう。単語リストAを使用して質問をする時は、まず「regardez」を使い、その後「mangez」を使いましょう。

Pratiquez à l'oral avec deux camarades en parcourant systématiquement le contenu des boîtes A et B. Pour la boîte A, commencez avec "regardez" et poursuivez avec "manger".

Point 2　ポイント2　　J'adore les séries.　ドラマが大好きです。

17-05 🔊

1. 音声を聴きながら、次の文に目を通しましょう。

Lisez les phrases en écoutant la piste audio.

J'adore les séries.	ドラマが大好きです。
Je préfère les mangas.	漫画の方が好きです。
J'adore regarder des séries.	ドラマを観るのが大好きです。
Je préfère lire des mangas.	漫画を読む方が好きです。
J'adore ça.	それが大好きです。

Structure 2 モデル文 2

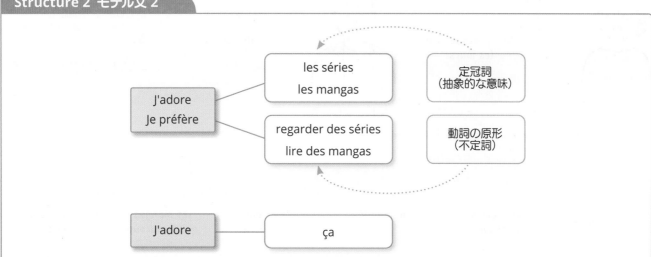

2. 日本語の文をフランス語に訳しましょう。　*Traduisez en français les phrases exemples.*

1. 映画館に行くのが大好きです。そこによく行きます。 ....

2. 私はお肉を決して食べません。それが嫌いです。 ....

3. 私は辛いものがあまり好きではありませんが、たまに(parfois)食べます。 ....

1. 以下のフローチャートを読んで、クラスメイトにインタビューできるように準備しましょう。

Préparez-vous à interroger vos camarades.

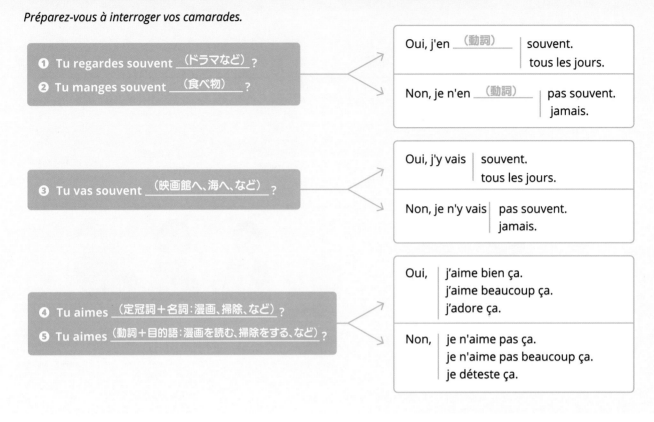

① Tu regardes souvent ＿＿＿（ドラマなど）＿＿＿ ?
② Tu manges souvent ＿＿＿（食べ物）＿＿＿ ?

Oui, j'en ＿（動詞）＿ | souvent. / tous les jours.
Non, je n'en ＿（動詞）＿ | pas souvent. / jamais.

③ Tu vas souvent ＿＿＿（映画館へ、海へ、など）＿＿＿ ?

Oui, j'y vais | souvent. / tous les jours.
Non, je n'y vais | pas souvent. / jamais.

④ Tu aimes ＿＿＿（定冠詞＋名詞：漫画、掃除、など）＿＿＿ ?
⑤ Tu aimes ＿＿＿（動詞＋目的語：漫画を読む、掃除をする、など）＿＿＿ ?

Oui, | j'aime bien ça. / j'aime beaucoup ça. / j'adore ça.
Non, | je n'aime pas ça. / je n'aime pas beaucoup ça. / je déteste ça.

Tu aimes le natto ?

Oui j'aime bien ça.

Tu en manges souvent ?

Oui, presque tous les jours !

Vocabulaire supplémentaire 追加語彙		17-06
1	presque tous les jours	ほとんど毎日
2	le vendredi soir	金曜の夜
3	très souvent	とてもよく（頻度）
4	je déteste	嫌い
5	peut-être	かもしれない・ひょっとしたら

2. クラスメイトにインタビューし、その回答を以下に記録しましょう。

Interrogez plusieurs camarades et notez leurs réponses ci-dessous.

	名前 Prénom	① regarde souvent?	② mange souvent?	③ va souvent?	④ aime (+ nom)?	⑤ aime (+ verbe)?
例1	Yusuke	des séries oui, souvent	de la viande non, jamais	à la mer oui, très souvent	les mangas oui, beaucoup	faire le ménage non
例2	Saki	des films parfois, sur Netflix	des légumes oui, tous les jours	à la piscine oui, une fois par semaine	les romans oui, elle adore	lire des mangas non, pas beaucoup
1人目						
2人目						
3人目						

ÉCOUTER リスニング

17-07 🔊

音声を聴いて、空欄に単語を書きましょう。

Écoutez la piste audio et écrivez les mots manquants.

Marina :　Salut Noé.

Noé :　Salut Marina. Dis-moi, qu'est-ce que tu
fais .... ?

Marina :　Je ne sais pas encore... je vais peut-
être .... un film. J'aime bien les
dessins animés japonais.

Noé :　Moi aussi, j'aime bien ça. Mais je n' ....
regarde pas très souvent. Je préfère lire
des mangas.

Marina :　J' .... bien aller voir le dernier
Ghibli au cinéma. On pourrait y aller
ensemble, si tu veux.

Noé :　Avec plaisir !

Vocabulaire supplémentaire　追加語彙　17-08 🔊

1	aller voir un film	映画を観に行く
2	le dernier Ghibli	ジブリの最新作
3	ensemble	一緒に
4	si tu veux	もしよかったら

ÉCRIRE 作文

本課で学習したことを踏まえて、日常生活に基づいた会話文をパートナーと一緒に書きましょう。

Écrivez un dialogue avec un partenaire en vous basant sur vos vies.

....

....

....

....

....

....

....

....

....

....

....

La suite　繰り返し学習しよう

Exercices
練習問題 ▶ p. 118

Fiche récapitulative
まとめシート ▶

18 Panorama 3
総復習 3

Point 1　ポイント1　Grammaire　文法

1. 代名詞は一筋縄ではいきません。でも心配無用です！今の段階では、その基礎が分かれば十分です。代名詞は、フランス語の冠詞の違いを理解するのに役立つだけでなく、フランス語の自然な会話をするためにも重要です。なぜならフランス人は、日常会話の中でよく使用するからです。

この教科書の目的は、フランス語の代名詞を「完璧に習得し操ること」ではありません。特定のシチュエーションで、限られた動詞とともに代名詞を使用することが目標です。皆さんは、13課から17課までに、どの語句がどの代名詞に代わるのか少しずつ学習してきました。以下は、これまでに習った代名詞の一覧です。

Les pronoms ne sont pas faciles. Ne vous inquiétez pas ! A ce stade, il est suffisant d'en avoir une première approche seulement. Ils vous aident à comprendre un peu mieux les différents articles du français, et aussi à vous entraîner à avoir des conversations naturelles, car les Français les utilisent souvent dans la conversation de tous les jours.

Dans ce manuel, l'objectif n'est pas de les maîtriser complètement mais seulement de savoir les utiliser dans quelques situations précises et avec quelques verbes seulement. Cela vous permet de bien repérer ce qu'ils remplacent. Vous l'avez fait naturellement dans les leçons 13 à 17. Voici un tableau qui résume les cas que vous avez pratiqués jusqu'à maintenant:

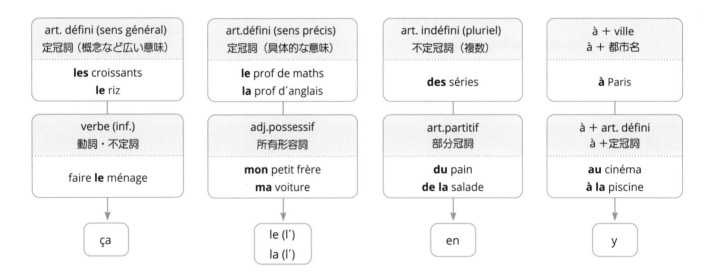

art. défini (sens général) 定冠詞（概念など広い意味）	art. défini (sens précis) 定冠詞（具体的な意味）	art. indéfini (pluriel) 不定冠詞（複数）	à + ville à + 都市名
les croissants **le** riz	**le** prof de maths **la** prof d'anglais	**des** séries	**à** Paris
verbe (inf.) 動詞・不定詞	adj. possessif 所有形容詞	art. partitif 部分冠詞	à + art. défini à + 定冠詞
faire **le** ménage	**mon** petit frère **ma** voiture	**du** pain **de la** salade	**au** cinéma **à la** piscine
ça	le (l') la (l')	en	y

2. 下線が引かれた語句を代名詞に置き換えましょう。　*Remplacez les noms soulignés par des pronoms.*

1. 例 : Je n'aime pas beaucoup le natto!　*Je n'aime pas beaucoup ça !* ....

2. Je mange des croissants tous les jours. ....

3. J'aime bien mon frère. ....

4. Je vais souvent à Tokyo. ....

5. J'adore le français. ....

6. Je trouve la prof d'anglais très gentille. ....

7. Je ne vais jamais à la piscine. ....

8. Je ne fais pas souvent de sport. ....

9. Je n'aime pas faire le ménage. ....

Points de la leçon :
- Bilan de compétences (leçons 13 à 17)
- Dialogue récapitulatif

レッスンのポイント:
- 13-17課までの文法の復習
- 既習事項をつかった対話文 3

ÉTUDIANTS
生徒

PROFESSEURS
先生

3. 以下の表に、指定された動詞の活用を主語とともに書きましょう。　*Écrivez les conjugaisons dans le tableau ci-dessous.*

18-01 🔊

	se lever (現在形)	se baigner (現在形)	se reposer (現在形)
私	je me lève		
あなた			
彼・彼女			
私達			
あなた（達）			
彼ら・彼女ら			

18-02 🔊

	devoir + se lever （〜しなければならないの形）	aller + se baigner （近接未来形）	aimer + se reposer （〜するのが好きの形）
私	je dois me lever	je vais	j'aime
あなた	tu dois	tu vas	tu aimes
彼・彼女	il / elle doit	il / elle va	il / elle aime
あなた（達）	vous devez	vous allez	vous aimez

Point 2　ポイント2　　Communication　コミュニケーション

1. 13-17 課で学習した構文を使って、クラスメイトにインタビューし、その結果を以下に記録しましょう。

Interrogez plusieurs camarades et notez leurs réponses ci-dessous.

	1人目	2人目
名前 Prénom		
好きな科目と先生？ Matière et prof préférés?		
クラブのメンバー？ Membre d'un club?		
起きる時間と寝る時間？ Heure du lever et du coucher?		
今週末の予定？ Projets pour ce week-end?		
映画館によく行く？ Fréquence de sorties au cinéma		

ÉCOUTER リスニング　　　　　18-03 🔊

音声を聴いて、空欄に単語を書きましょう。

Écoutez la piste audio et écrivez les mots manquants.

Marc :　Toi aussi, tu as cours d'anglais avec Monsieur Leroy, Mélanie ?

Mélanie :　Oui, je .... bien, il est sympa. Mais ses cours sont tôt le matin ! Je n'aime pas avoir cours en première période parce que je dois .... lever très tôt... j'habite loin d'ici !

Marc :　Ma pauvre ! Moi, j'habite près d'ici donc je .... me lever tard.

Mélanie :　Tu as de la chance ! Et qu'est-ce que tu fais le soir ?

Marc :　En ce moment, je regarde beaucoup de vidéos YouTube sur le tourisme au Japon. Au fait, qu'est-ce que tu .... faire ce week-end ?

Mélanie :　Rien de spécial... Pourquoi ?

Marc :　Je .... aller à la montagne avec des amis.

Mélanie :　Oh, c'est super ! J'adore la montagne, j'y vais souvent !

Vocabulaire supplémentaire 追加語彙18-04 🔊

1	en première période	1時間目に
2	donc	だから、なので
3	en ce moment	最近
4	beaucoup de	たくさんの〜
5	sur le tourisme au Japon	日本の観光に関する
6	rien de spécial	特になにもない
7	à la montagne	山に

---

vu dans LEÇON 13

Culture et conversation　文化と会話

Se contredire
反論すること

Isabelle :　J'aime bien la prof d'anglais. Elle est sympa.

Marc :　Moi, je la trouve trop sévère.

フランス人は、相手と違う意見を言うことをためらいません。友達であってもそうです。もちろん相手に不快感を与えるような言い方は避けますが、互いの意見を戦わせることによって議論が白熱するのを楽しむのです。

この教科書では、「Je trouve ＋形容詞」の表現を学びました。これは個人的それは例え解・意見を述べる時にのみ使用すると覚えておきましょう。

Les Français n'hésitent pas à exprimer des opinions différentes de celles de leurs amis. Bien sûr, ils font attention à ne pas le faire de manière blessante, mais se contredire permet d'avoir des discussions intéressantes.

→ L'expression "je trouve + adjectif" indique qu'il ne s'agit que d'une opinion personnelle.

Écrire　作文

13-17 課で学習した内容をもとにして対話文を作成しましょう。

- 1度話に出てきた人やものについて再度話す時は、代名詞を使用しましょう。例：人の場合「Tu l'aimes bien?」、抽象的なもの（科目や家事など）を指す場合「Tu aimes ça?」。

- 返答する際は、情報を付け足して会話を発展させましょう。例えば部活やサークルについて話したら、活動頻度や、その活動をどう思っているか（楽しい、疲れる、など）などを述べましょう。

- 以下のようなあいづちや表現を効果的に使用しましょう。

Écrivez un dialogue qui utilise les contenus des leçons 13 à 17.

- *Pensez à utiliser des pronoms pour parler de ce qui a déjà été mentionné : par exemple, "Tu l'aimes bien ?" pour une personne ou "Tu aimes ça ?" pour quelque chose d'abstrait.*

- *Donnez des réponses riches : quand vous répondez à une question, ajoutez au moins une information supplémentaire. Par exemple, indiquez ce que vous pensez de vos activités de club (amusant, fatigant, etc.), ou la fréquence des entraînements.*

- *Essayez d'utiliser une ou plusieurs des expressions ci-dessous.*

peut-être	Mon pauvre ! / Ma pauvre !	Tu as de la chance !
Je le trouve …	Je la trouve …	Je trouve ça …

19 Parler des vacances
休暇中の活動について話す

1. 活用を確認しながら音声を聴き、声に出して繰り返しましょう。 その後、サイトにアクセスして、発音練習の続きをしましょう。

Lisez en écoutant les pistes audio. Répétez. Accédez au site pour la suite des exercices de prononciation.

Prononciation 発音　　　　　　　　　　　　　　　　　　　Diaporama 19

travailler　働く 19-01		**venir　来る** 19-02		**se reposer　休む** 19-03	
j'ai	travaillé	je suis	venu(e)	je me suis	reposé(e)
tu as	travaillé	tu es	venu(e)	tu t'es	reposé(e)
il / elle a	travaillé	il / elle est	venu(e)	il / elle s'est	reposé(e)
nous avons	travaillé	nous sommes	venu(e)s	nous nous sommes	reposé(e)s
vous avez	travaillé	vous êtes	venu(e)(s)	vous vous êtes	reposé(e)(s)
ils / elles ont	travaillé	ils / elles sont	venu(e)s	ils / elles se sont	reposé(e)s

Point 1　ポイント1　Qu'est-ce que tu as fait pendant les vacances? 休みの間は何をしましたか?

19-04

1. 音声を聴きながら、次の文に目を通しましょう。

Lisez les phrases en écoutant la piste audio.

Qu'est-ce que tu as fait pendant les vacances ?	休みの間は何をしましたか?
Qu'est-ce que vous avez fait ce week-end ?	この週末は何をしましたか?
J'ai travaillé.	アルバイトをしました。
Je suis allé(e) en France.	フランスに行きました。
Je me suis reposé(e).	ゆっくりしました。

Structure 1 モデル文 1

2. A、B、C の単語リストにそれぞれ過去分詞を入れて、複合過去形を完成させましょう。

Écrivez les participes passés dans les boîtes A, B et C.

Participes passés
過去分詞 📱

A 19-05		
J'ai		
1	....	アルバイトしました
2	.... le permis	運転免許を取りました
3	....	読書をしました
4	.... du tennis	テニスをしました

B 19-06		
Je suis		
1	.... en France	フランスに行きました
2	 ici	ここにいました
3	.... chez mes parents	両親のところへ帰りました
4	.... avec des amis	友達と出かけました

Points de la leçon :
▶ passé composé
▶ imparfait

レッスンのポイント:
▶ 複合過去形
▶ 半過去形

ÉTUDIANTS
生徒

PROFESSEURS
先生

1. Pratique à deux　会話の基礎練習

例にならって、クラスメイトと会話の練習をしましょう。質問する際には、「pendant les vacances」と「ce week-end」を交互に使いましょう。また、tu で練習をした後は、vous を使って練習しましょう。

Faites la pratique orale avec un partenaire. Dans la question, alternez entre "pendant les vacances" et "ce week-end", et entre "tu" et "vous".

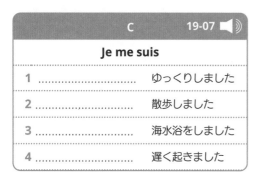

C	19-07
Je me suis	
1	ゆっくりしました
2	散歩しました
3	海水浴をしました
4	遅く起きました

Qu'est-ce que tu as fait pendant les vacances (ce week-end) ?

········· A B C ·········

Point 2　ポイント2　　C'était comment?　それはどうでしたか?

19-08

1. 音声を聴きながら、次の文に目を通しましょう。
Lisez les phrases en écoutant la piste audio.

C'était comment ?	それはどうでしたか?
C'était pas mal.	それは悪くなかったです。

Structure 2　モデル文2

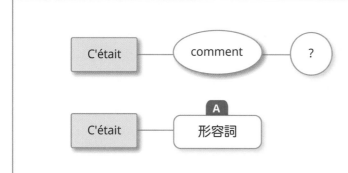

	A	19-09
1	pas mal	悪くない
2	bien	良い
3	super	素晴らしい
4	reposant	ゆっくり休まる
5	fatigant	疲れる

2. 日本語の文をフランス語に訳しましょう。*Traduisez en français les phrases exemples.*

1. 私（女）は休暇中はここに来ませんでした。

....

2. 私（男）は栃木にクラブ（の仲間）と行きました。サッカーをしました。 素晴らしかったです。

....

3. 私（女）はゆっくりしました。悪くなかったです。

....

19-10

Négation du passé composé 複合過去形の否定形
1 Je **n'**ai **pas** travaillé.
2 Je **ne** suis **pas** allé(e) en France.
3 Je **ne** me suis **pas** reposé(e).

Enquête アンケート

1. 以下のフローチャートを読んで、クラスメイトにインタビューできるように準備しましょう。

Préparez-vous à interroger vos camarades.

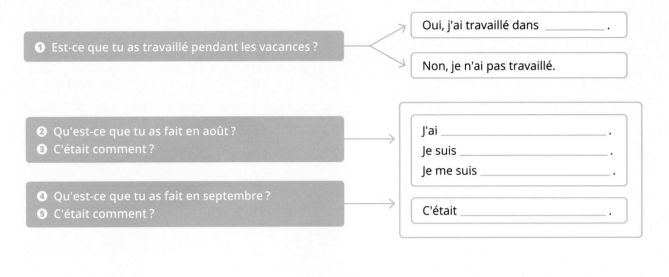

❶ Est-ce que tu as travaillé pendant les vacances ?

→ Oui, j'ai travaillé dans _____ .

→ Non, je n'ai pas travaillé.

❷ Qu'est-ce que tu as fait en août ?
❸ C'était comment ?

J'ai _____ .
Je suis _____ .
Je me suis _____ .

❹ Qu'est-ce que tu as fait en septembre ?
❺ C'était comment ?

C'était _____ .

J'ai bien travaillé
pendant les vacances.
Et toi ?

Travaillé ?!
Pendant les vacances ??

Vocabulaire supplémentaire 追加語彙 19-11 🔊

1	Je n'ai rien fait.	なにもしなかった。
2	Je n'ai rien fait de spécial.	なにも特別なことはしなかった。
3	J'ai dormi.	寝ていた。

2. クラスメイトにインタビューし、その回答を以下に記録しましょう。

Interrogez plusieurs camarades et notez leurs réponses ci-dessous.

	名前 Prénom	❶ 休暇中働いた? Il / Elle a travaillé ?	❷ 8月は? en août	❸ どうだった? C'était comment ?	❹ 9月は? en septembre	❺ どうだった? C'était comment ?
例	Taro	Oui	Il est allé en France	bien	Il a travaillé	fatigant
1人目						
2人目						
3人目						
4人目						

Conversation 会話のための練習

ÉCOUTER リスニング

19-12 🔊

音声を聴いて、空欄に単語を書きましょう。

Écoutez la piste audio et écrivez les mots manquants.

Louise : Tu es allé quelque part pendant les

.... , Yuichi ?

Yuichi : Oui, je suis allé à Nagano .... mon

club de tennis. C'était super !

Louise : Et à part ça, qu'est-ce que tu as .... ?

Yuichi : J'ai passé le permis. C'était dur... Et toi ?

Louise : Moi, je suis .... en France.

Yuichi : Tu es restée là-bas combien de temps ?

Louise : Trois semaines. Je suis allée chez mes

.... , et je suis aussi allée à la

....

Yuichi : Tu t'es baignée ?

Louise : Bien sûr !

Vocabulaire supplémentaire 追加語彙 19-13 🔊

1	quelque part	どこか
2	à part ça	それ以外に
3	dur	難しい、つらい
4	rester	いる・滞在する
5	là-bas	あちら（で）
6	trois semaines	3 週間

ÉCRIRE 作文

本課で学習したことを踏まえて、日常生活に基づいた会話文をパートナーと一緒に書きましょう。

Écrivez un dialogue avec un partenaire en vous basant sur vos vies.

....

....

....

....

....

....

....

....

....

....

....

La suite 繰り返し学習しよう

Exercices ▶ p. 119
練習問題

Fiche récapitulative ▶
まとめシート

20 Parler de ses expériences
経験について話す

1. 単語を確認しながら音声を聴き、声に出して繰り返しましょう。その後、サイトにアクセスして、発音練習の続きをしましょう。
Lisez en écoutant les pistes audio, puis accédez au site pour la suite des exercices de prononciation.

Prononciation 発音 — Diaporama 20

20-01

Je suis allé(e) en France pendant les vacances.
J'ai mangé du natto hier. 〕 ～しました。

Je suis **déjà** allé(e) en France.
J'ai **déjà** mangé des escargots. 〕 ～したことがあります。

20-02

Quand ça? いつ?

quand... ～ の時

Point 1 ポイント1 — Tu es déjà allé à l'étranger? 外国へ行ったことがありますか?

20-03

1. 音声を聴きながら、次の文に目を通しましょう。また、単語リスト C の空欄に、単語リスト B の否定形を書きましょう。
Lisez les phrases en écoutant la piste audio. Écrivez les formes manquantes dans la boîte C.

Tu es déjà allé(e) à l'étranger ?	外国へ行ったことがありますか?
Oui, je suis déjà allé(e) en France.	はい、フランスに行ったことがあります。
Non, je ne suis jamais allé(e) à l'étranger.	いいえ、外国に行ったことはありません。
Tu as déjà mangé des escargots ?	エスカルゴを食べたことがありますか?
Oui, j'ai déjà mangé des escargots.	はい、エスカルゴを食べたことがあります。
Non, je n'ai jamais mangé d'escargots.	いいえ、エスカルゴを食べたことはありません。

Structure 1 モデル文 1

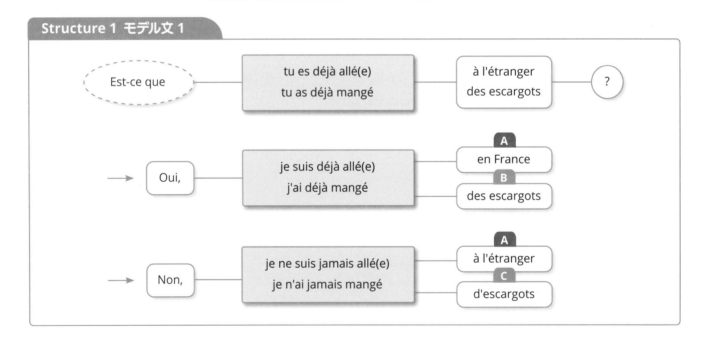

A 20-04		B 20-05		C 20-06	
Je suis déjà allé(e)		**J'ai déjà mangé**		**Je n'ai jamais mangé**	
1 en France	フランスに	1 des escargots	エスカルゴ	1 d'escargots	
2 en Italie	イタリアに	2 de la baleine	クジラ	2	
3 au Vietnam	ヴェトナムに	3 du natto	納豆	3	
4 aux États-Unis	アメリカ合衆国に	4 du cheval	馬	4	
5 à Marseille	マルセイユに	5 du foie gras	フォアグラ	5	

Points de la leçon :
▶ passé composé + déjà / jamais
▶ quand + passé composé / imparfait

レッスンのポイント:
▶ 複合過去形＋déjà / jamais
▶ quand +複合過去形 / 半過去形

ÉTUDIANTS 生徒

PROFESSEURS 先生

2. Pratique à trois　会話の基礎練習

例にならって、クラスメイトと3人で会話の練習をしましょう。その際には、単語リストＡ、Ｂ、Ｃの単語を１つずつ順番に使いましょう。

Pratiquez à l'oral avec deux camarades en parcourant systématiquement les boîtes de vocabulaire A, B et C.

Vous êtes déjà allés en France ? **A**

Oui, je suis déjà allé en France. **A**

Moi, je ne suis jamais allé en France. **A**

Vous avez déjà mangé des escargots ? **B**

Oui, j'ai déjà mangé des escargots. **B**

Moi, je n'ai jamais mangé d'escargots. **C**

Point 2　ポイント2　　... quand j'étais au lycée.　高校生の時に、私は...

20-07 🔊

1. 音声を聴きながら、次の文に目を通しましょう。
Lisez les phrases en écoutant la piste audio.

... quand j'étais au lycée	高校生の時に
... quand je suis allé(e) en France	フランスに行った時に
... il y a trois ans	3年前に

Structure 2　モデル文 2

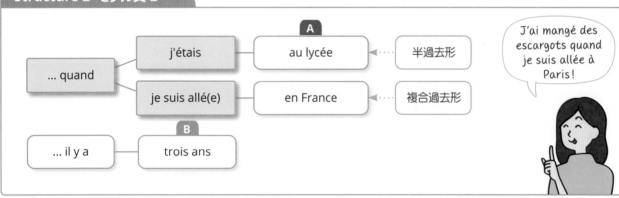

... quand ── j'étais ── **A** au lycée ┄ 半過去形

── je suis allé(e) ── en France ┄ 複合過去形

... il y a ── **B** trois ans

J'ai mangé des escargots quand je suis allée à Paris !

2. 日本語の文をフランス語に訳しましょう。*Traduisez en français les phrases exemples.*

1. 私（女）はクジラを食べたことがあります。

....

2. 私（女）はフランスに行った時に、エスカルゴを食べました。

J'ai ....

3. 私(男)は札幌に行ったことがあります。

....

4. 私(男)は高校生の時に、沖縄に行きました。

Je suis ....

A		20-08 🔊
1	au lycée	高校で
2	au collège	中学校で
3	à l'école primaire	小学校で
4	petit / petite	小さい頃

B		20-09 🔊
1	trois ans	3年
2	six mois	半年（6ヶ月）
3	deux semaines	2週間
4	longtemps	ずいぶん（前）

1. 以下のフローチャートを読んで、クラスメイトにインタビューできるように準備しましょう。

   Préparez-vous à interroger vos camarades.

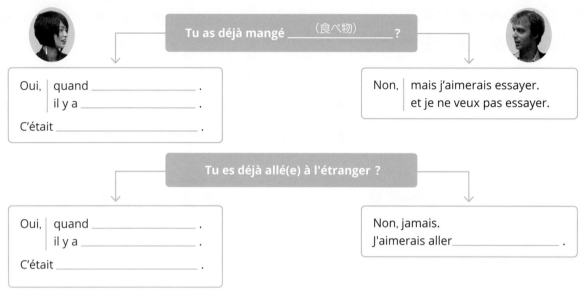

Tu as déjà mangé _____(食べ物)_____ ?

Oui, | quand _____ .
     | il y a _____ .
C'était _____ .

Non, | mais j'aimerais essayer.
     | et je ne veux pas essayer.

Tu es déjà allé(e) à l'étranger ?

Oui, | quand _____ .
     | il y a _____ .
C'était _____ .

Non, jamais.
J'aimerais aller_____ .

Je suis déjà allée en France.

Ah bon ! Quand ça ?

Quand j'étais au lycée.

Vocabulaire supplémentaire　追加語彙　20-10	
1　(très) bon	（とても）おいしい
2　pas super	そんなに良くない
3　bizarre	変わっている
4　mauvais	おいしくない
5　J'aimerais essayer.	試してみたいです。
6　Je ne veux pas essayer.	試してみたくないです。

Spécialités culinaires
過去分詞

2. クラスメイトにインタビューし、その回答を以下に記録しましょう。

   Interrogez plusieurs camarades et notez leurs réponses ci-dessous.

	名前 Prénom	❶ ○○を食べたことは？ Il / Elle a déjà mangé ＿?	❷ ○○に行ったことは？ Il / Elle est déjà allé(e) ＿?	❸ 海外に行ったことは？ Il / Elle est déjà allé(e) à l'étranger ?
例 1	Jun	des escargots / oui C'était bon.	à Hokkaido / non	Non. Il aimerait aller au Vietnam.
例 2	Natsumi	de la baleine/ non Elle aimerait essayer.	à Osaka / oui quand elle était au lycée	Oui, en Allemagne l'année dernière
1人目				
2人目				
3人目				

Conversation　会話のための練習

ÉCOUTER リスニング　20-11 🔊

音声を聴いて、空欄に単語を書きましょう。

Écoutez la piste audio et écrivez les mots manquants.

Kenji : Tu es déjà .... à l'étranger, Fabien ? À part le Japon, bien sûr.

Fabien : Oui, je suis déjà allé en Australie.

Kenji : Ah bon ! Il y a .... ?

Fabien : Oui, quand j'étais .... , avec mes parents. Et toi ?

Kenji : Moi, je ne suis jamais allé à l'étranger, mais j'aimerais bien aller en ....

Fabien : Ah bon ! Et est-ce que tu as déjà mangé des .... ?

Kenji : Non, je n'en ai jamais mangé. Mais j'ai déjà mangé de la bouillabaisse.

Fabien : Ah ? Quand ça ?

Kenji : Il y a deux semaines, avec ma copine. Nous sommes allés dans un .... français pour mon anniversaire. .... très bon !

Vocabulaire supplémentaire 追加語彙　20-12 🔊	
1　à part le Japon	日本を除いては
2　en Australie	オーストラリアに（で）
3　de la bouillabaisse	ブイヤベース
4　Quand ça ?	それはいつ？
5　il y a deux semaines	2週間前（に）
6　avec ma copine	ガールフレンドと
7　pour mon anniversaire	私の誕生日に

ÉCRIRE 作文

本課で学習したことを踏まえて、日常生活に基づいた会話文をパートナーと一緒に書きましょう。

Écrivez un dialogue avec un partenaire en vous basant sur vos vies.

....

....

....

....

....

....

....

....

....

....

La suite　繰り返し学習しよう

Exercices　練習問題 ▶ p. 120

Fiche récapitulative　まとめシート ▶

21 *Parler de la géographie*
地理や食文化について話す

1. 単語を確認しながら音声を聴き、声に出して繰り返しましょう。

   Lisez en écoutant les pistes audio. Répétez.

2. サイトにアクセスして、発音練習の続きをしましょう。

   Accédez au site pour la suite des exercices de prononciation.

Prononciation 発音　　　Diaporama 21

21-01

le nord	北部
le sud	南部
l'est	東部
l'ouest	西部
le centre	中心部

Point 1　ポイント1　　C'est où, Lille?　リールはどこですか？

21-02

1. 音声を聴きながら、次の文に目を通しましょう。

   Lisez les phrases en écoutant la piste audio.

C'est où, Lille ?	リールはどこですか？
C'est dans le nord de la France.	フランスの北部です。
C'est près de la Belgique.	ベルギーの近くです。
C'est où, Kurume ?	久留米はどこですか？
C'est dans le sud du Japon.	日本の南部です。
C'est pas loin de Fukuoka.	福岡（市＊）から遠くないです。
Je ne sais pas.	わかりません。

   ＊フランス語で「Osaka」や「Fukuoka」と言う時は、県という大きな単位ではなく都市や街を示すことが多いです。

Structure 1 モデル文1

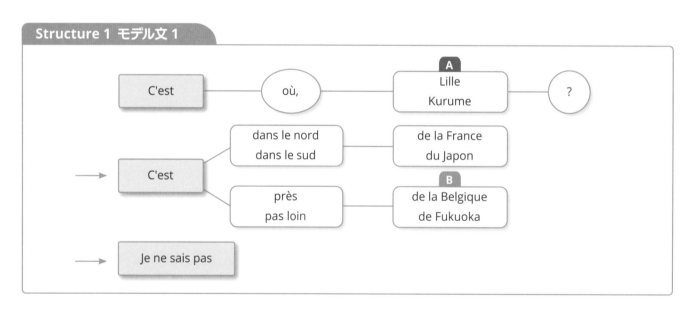

A	21-03					
1 Lille	リール	4 Nice	ニース	7 Annecy	アヌシー
2 Kurume	久留米	5 Biarritz	ビアリッツ	8 Kitakyushu	北九州
3 Strasbourg	ストラスブール	6 Metz	メッツ	9 Ishigaki	石垣

Points de la leçon :
▶ localisation (régions et pays)
▶ les spécialités régionales

レッスンのポイント:
▶ 都市の位置を説明する
▶ 地方の名物

ÉTUDIANTS 生徒 　PROFESSEURS 先生

B	21-04 🔊
près	**～の近く**
1　de la Belgique（女）	ベルギーの
2　de Fukuoka	福岡（市）の
3　........ Allemagne（女）	ドイツの
4　........ Italie（女）	イタリアの
5　........ Espagne（女）	スペインの
6　........ Luxembourg（男）	ルクセンブルグの
7　........ Suisse（女）	スイスの
8　........ Corée（女）	韓国の
9　........ Taïwan	台湾の

3. Pratique à deux
会話の基礎練習

右の例にならって、クラスメイトと会話の練習をしましょう。その際には、単語リスト A と単語リスト B の単語を 1 つずつ順番に使いましょう。

Pratiquez à l'oral avec un camarade. Parcourez systématiquement les boîtes de vocabulaire A et B du Point 1.

Point 2　ポイント2　Quelle est la spécialité de Lille ?　リールの名産品はなんですか？

21-05 🔊

1. 音声を聴きながら、次の文に目を通しましょう。
Lisez les phrases en écoutant la piste audio.

Quelle est la spécialité de Lille ?	リールの名産品はなんですか？
Quelle est la spécialité d'Osaka ?	大阪の名産品はなんですか？
C'est le welsh.	ヴェルシュです。
Ce sont les takoyakis.	たこ焼きです。

Structure 2　モデル文 2

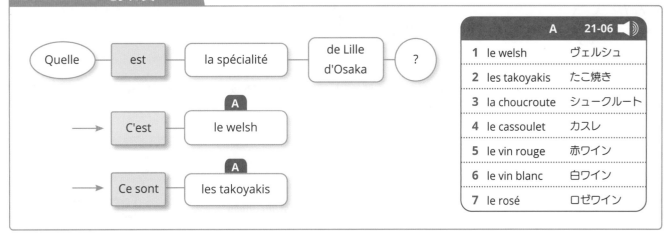

2. 日本語の文をフランス語に訳しましょう。 *Traduisez en français les phrases exemples.*

1. 私はブザンソン出身です。それはディジョンとスイスから遠くありません。（Besançon; Dijon）

....

2. ブルターニュの名産品（複数）はなんですか？ (la Bretagne)

....

3. クレープとシードルです。（les crêpes; le cidre）

....

1. クラスメイトにインタビューできるように準備しましょう。このアンケートでは、出身地の名産品を聞き合います。自分の出身地の名産品を言えるようにしましょう。また、パートナーと出身地が同じだった場合は、架空の名産品を答えましょう。

Préparez-vous à interroger vos camarades. Préparez deux réponses: la vraie (votre région d'origine) et une réponse fictive (pour le cas où vous seriez de la même région que votre partenaire).

| ❶ Tu es d'où ? | → | Je suis de/d' _____ . |

❷ C'est où ?	→	C'est | dans _____ .
		près de _____ .
		entre _____ .

| ❸ Quelles sont-les spécialités là bas? | → | C'est _____ . |
| | | Ce sont _____ . |

Je suis de Paris.

Moi, je suis de Nice.

C'est vrai ?

Non, ce n'est pas vrai... je suis de Paris aussi en fait.

Vocabulaire supplémentaire 追加語彙 21-07	
1　le sud-est	南東
2　le sud-ouest	南西
3　le nord-est	北東
4　le nord-ouest	北西
5　entre... et...	...と ...の間
6　là-bas	そこで
7　C'est vrai?	本当ですか？
8　en fait	実際、実は

2. クラスメイトにどこの出身か、そして出身地の名産品を聞きましょう。その回答を以下に記録してください。

Interrogez plusieurs camarades et notez leur réponses ci-dessous.

	名前 Prénom	どこの出身？ Il / Elle est d'où ?	それはどこ？ C'est où ?	名産品は？ Quelles sont les spécialités ?
例1	Ken	Osaka	dans l'ouest du Japon	l'okonomiyaki les takoyakis
例2	Roland	Bayonne	dans le sud-ouest de la France	le jambon cru
1人目				
2人目				
3人目				

ÉCOUTER リスニング

21-08 🔊

音声を聴いて、空欄に単語を書きましょう。

Écoutez la piste audio et écrivez les mots manquants.

Jun : Dis-moi, Léa, tu es d'où ?

Léa : Je suis de Beaune.

Jun : C'est .... ? C'est une grande ville ?

Léa : Euh… Ce n'est pas très grand. C'est en Bourgogne, dans l'est de la France.

Jun : Ah bon ! Et .... est la spécialité de Beaune ?

Léa : C'est le .... rouge. On boit beaucoup de vin en Bourgogne.

Jun : Ah oui ! J'adore le vin. J'aimerais bien y aller !

Léa : Et toi, Jun ? Tu es d'où, en fait ?

Jun : Je suis de Shiga.

Léa : Et quelles .... les spécialités là-bas ?

Jun : Ce sont les Funa-zushis.

Léa : Je n'en ai jamais mangé. .... comment ?

Jun : Hmm… C'est particulier.

Vocabulaire supplémentaire 追加語彙	21-09 🔊
1　une grande ville	大きな街
2　en Bourgogne	ブルゴーニュに（で）
3　on boit	（人々が）飲む
4　beaucoup de + 名詞	たくさんの
5　J'aimerais bien y aller.	そこに行ってみたい。
6　C'est particulier.	独特です。

ÉCRIRE 作文

本課で学習したことを踏まえて、日常生活に基づいた会話文をパートナーと一緒に書きましょう。

Écrivez un dialogue avec un partenaire en vous basant sur vos vies.

....

....

....

....

....

....

....

....

....

....

La suite　繰り返し学習しよう		
Exercices 練習問題	▶	P. 121
Fiche récapitulative まとめシート	▶	🖥

22 *Parler du temps*
天気について話す

1. 単語を確認しながら音声を聴き、声に出して繰り返しましょう。

Lisez en écoutant les pistes audio. Répétez.

2. サイトにアクセスして、発音練習の続きをしましょう。

Accédez au site pour la suite des exercices de prononciation.

Prononciation 発音 — Diaporama 22

Les saisons 季節 — 22-01

le printemps	春	au printemps	春に
l'été	夏	en été	夏に
l'automne	秋	en automne	秋に
l'hiver	冬	en hiver	冬に

Point 1 ポイント1 — Il fait quel temps à Paris en août ? パリは8月はどんな天気ですか？

22-02

1. 音声を聴きながら、次の文に目を通しましょう。

Lisez les phrases en écoutant la piste audio.

Il fait quel temps à Paris en août ?	パリは8月はどんな天気ですか？
Il fait (très) chaud.	（とても）暑いです。
Il fait (souvent) beau.	（よく）晴れています。
Il pleut (souvent).	（よく）雨が降ります。
Il neige (souvent).	（よく）雪が降ります。

Structure 1 モデル文1

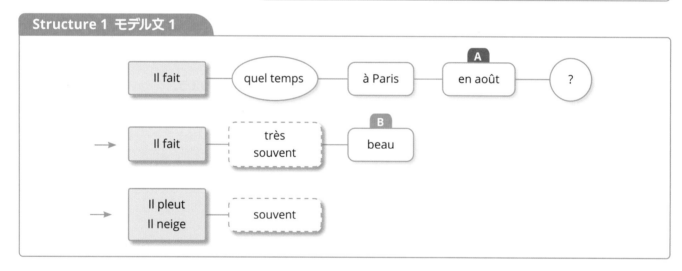

	A		22-03
1	en janvier	1月に	
2	en février	2月に	
3	en mars	3月に	
4	en avril	4月に	
5	en mai	5月に	
6	en juin	6月に	
7	en juillet	7月に	
8	en août	8月に	
9	en septembre	9月に	
10	en octobre	10月に	
11	en novembre	11月に	
12	en décembre	12月に	

	B	22-04
1	chaud	暑い
2	froid	寒い
3	sec	乾燥している
4	humide	湿気が多い
5	beau	晴れている
6	nuageux	くもっている

Points de la leçon :
▶ météo
▶ adjectif interrogatif quel, quelle

レッスンのポイント:
▶ 天気を表す語彙
▶ 疑問形容詞 quel, quelle

ÉTUDIANTS
生徒

PROFESSEURS
先生

2. Pratique à deux 会話の基礎練習

パリとニースの月ごとの平均気温と天気を読み取り、例にならって「1月はパリは（ニースは）どんな天気ですか？」と質問しましょう。

Pratiquez à l'oral avec un camarade : parlez du temps à Paris et Nice.

	平均気温 températures moyennes		晴れ／くもり soleil / nuages	
	Paris	Nice	Paris	Nice
janvier	5° C	9° C	☁	☁
février	6° C	10° C	☁	☀
mars	9° C	12° C	☁	☀
avril	12° C	14° C	☁	☀
mai	16° C	18° C	☀	☀
juin	19° C	22° C	☀	☀
juillet	22° C	25° C	☀	☀
août	21° C	25° C	☀	☀
septembre	18° C	22° C	☁	☀
octobre	13° C	17° C	☁	☁
novembre	8° C	13° C	☁	☁
décembre	6° C	10° C	☁	☁

Il fait quel temps à Paris en janvier? [A]

Il fait *froid* et *nuageux*. [B] [B]

Point 2 ポイント2 Quelle est ta saison préférée？ 一番好きな季節はどれですか？

22-05 🔊

1. 音声を聴きながら、次の文に目を通しましょう。

Lisez les phrases en écoutant la piste audio.

Quelle est ta saison préférée ?	一番好きな季節はどれですか？
Quelle est votre saison préférée ?	一番好きな季節はどれですか？
C'est l'automne.	秋です。
Ma saison préférée, c'est l'automne.	私が一番好きな季節は秋です。

Structure 2 モデル文2

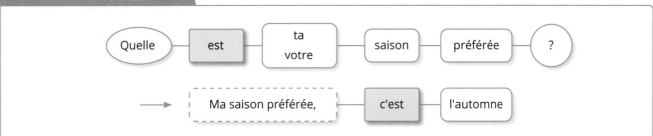

Quelle — est — ta / votre — saison — préférée — ?

→ Ma saison préférée, — c'est — l'automne

2. 日本語の文をフランス語に訳しましょう。*Traduisez en français les phrases exemples.*

1. 私が一番好きな季節は秋です。なぜなら良い天気で乾燥しているからです。 （「なぜなら」は第5課を参照）

....

2. 夏は好きではありません。なぜなら暑くて湿気が多いからです。

....

3. 私は晴れている時が好きです。 （「～の時」は第15課を参照）

....

4. あなた（tu）が一番好きな日本の街（街 une ville）はどれですか？

....

Enquête アンケート

1. 以下のフローチャートを読んで、クラスメイトにインタビューできるように準備しましょう。

Préparez-vous à interroger vos camarades.

| ❶ Quelle est ta saison préférée ? | → | C'est _____ . |

| ❶ Pourquoi ? | → | Parce que / qu' _____ . |

| ❶ Quelle est ta ville préférée au Japon ? | → | C'est _____ . |

| ❶ Quel est ton quartier préféré à _____ ? * | → | Parce que / qu' _____ . |

* 自分で街の名前を選んで、質問しましょう。Choisissez vous-même une ville.

> Tu aimes l'été ?

> Ah non! Il fait trop chaud! Ma saison préférée, c'est le printemps.

> Moi, ma saison préférée, c'est l'automne.

Le sens du mot "quartier"

"quartier" は地区・地域（表参道、銀座、祇園など）を指し、ville はそれよりも大きい都市や区（東京、京都など）を意味します。

Vocabulaire supplémentaire 追加語彙 22-06 🔊

1	Il fait trop chaud.	暑すぎる。
2	Il ne fait pas trop chaud.	そんなに暑くない。
3	Il fait très sec.	とても乾燥している。
4	Il fait bon.	気持ちがいい天気です。
5	Il fait doux.	温暖な天気です。
6	ton quartier préféré	あなたの一番好きな地区
7	votre quartier préféré	あなたの一番好きな地区
8	mon quartier préféré	私の一番好きな地区

2. クラスメイトにインタビューし、その回答を以下に記録しましょう。

Interrogez plusieurs camarades et notez leur réponses ci-dessous.

	名前 Prénom	❶ 一番好きな季節は？ saison préférée ?	❷ なぜ？ Pourquoi ?	❸ 一番好きな街は？ ville préférée ?	❹ 一番好きな地区は？ quartier préféré ?
例1	Yoko	le printemps	pas trop chaud	Kyoto	à Osaka : Umeda
例2	Tatsuya	l'été	il aime quand il fait chaud.	Tokyo	à Tokyo : Omotesando
1人目					
2人目					
3人目					

Conversation　会話のための練習

ÉCOUTER　リスニング　　　　22-07 🔊

音声を聴いて、空欄に単語を書きましょう。

Écoutez la piste audio et écrivez les mots manquants.

Yurika : Tu es d'où ?

Paul : Je suis de ....

Yurika : Il fait quel .... là-bas, en été ?

Paul : Il fait bon.

Yurika : Ah, c'est .... , ça. Moi, je suis de Tokyo.

　　　　　 En été, il fait chaud et .... C'est fatigant.

Paul : Quelle est ta saison préférée ?

Yurika : C'est l'automne. Et toi ?

Paul : Moi, c'est le printemps.

Yurika : Et quelle est ta ville .... , au Japon ?

Paul : C'est Kyoto.

Vocabulaire supplémentaire　追加語彙　22-08 🔊

1	là-bas	向こうで、そちらで
2	C'est bien.	それはいいですね。

ÉCRIRE　作文

本課で学習したことを踏まえて、日常生活に基づいた会話文をパートナーと一緒に書きましょう。

Écrivez un dialogue avec un partenaire en vous basant sur vos vies.

....

....

....

....

....

....

....

....

....

....

....

La suite　繰り返し学習しよう

Exercices
練習問題 ▶ p. 122

Fiche récapitulative
まとめシート ▶

23 Planifier un voyage
旅を計画する

1. 単語を確認しながら音声を聴き、声に出して繰り返しましょう。

   Lisez en écoutant les pistes audio. Répétez.

2. サイトにアクセスして、発音練習の続きをしましょう。

   Accédez au site pour la suite des exercices de prononciation.

Prononciation 発音 | Diaporama 23

conseiller 勧める 23-01))   23-02))

je conseille		un château	城
tu conseilles		une église	教会
il / elle conseille		une cathédrale	大聖堂
nous conseillons		un musée	美術館／博物館
vous conseillez		un temple	寺
ils / elles conseillent		un sanctuaire	神社

Point 1　ポイント1 | Où est-ce que tu me conseilles d'aller, au Japon ? 日本では、どこに行くのがお勧めですか？

1. 音声を聴きながら、次の文に目を通しましょう。　*Lisez les phrases en écoutant la piste audio.*　23-03))

Où est-ce que tu me conseilles d'aller, au Japon ?	日本では、どこに行くのがお勧めですか？
Qu'est-ce que tu me conseilles de faire, dans ta région ?	あなたの地方では、何をするのがお勧めですか？
Qu'est-ce que vous me conseillez de manger, dans votre région ?	あなたの地方では、何を食べるのがお勧めですか？
Je te conseille d'aller à Shikoku.	四国に行くのがお勧めです。
Je vous conseille de manger des sobas.	蕎麦を食べるのがお勧めです。

Structure 1 モデル文1

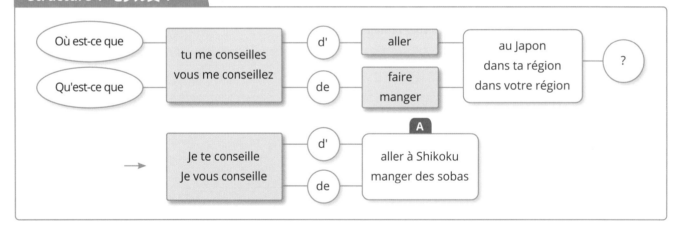

A   23-04))

Je te conseille de / d'

1 aller à Shikoku	四国に行く	5 visiter le temple Ginkakuji	銀閣寺を訪れる
2 manger des sobas	蕎麦を食べる	6 monter à la tour de Tokyo	東京タワーに登る
3 manger du koya dofu	高野豆腐を食べる	7 aller à Dogo Onsen	道後温泉に行く
4 visiter le sanctuaire Ise Jingu	伊勢神宮を訪れる	8 aller au sento	銭湯に行く

* 「région　地方」は「ville　都市」よりも広い範囲を指します。

Tourisme
観光

Points de la leçon :
▶ adjectifs antéposés et postposés
▶ il y a

レッスンのポイント:
▶ 形容詞の前置修飾と後置修飾
▶ il y a

ÉTUDIANTS 生徒

PROFESSEURS 先生

2. Pratique à deux 会話の基礎練習

例にならって、クラスメイトと会話の練習をしましょう。その際には、単語リスト A の単語を1つずつ順番に入れ替えて使いましょう。

Pratiquez à l'oral avec un camarade en parcourant systématiquement le boîte de vocabulaire A.

> Qu'est-ce que tu me conseilles de faire, au Japon ?

> Je te conseille d'aller à Shikoku. **A**

Point 2　ポイント2　Le centre est vraiment beau.（その街の）中心は本当にきれいです。

23-05 🔊

1. 音声を聴きながら、次の文に目を通しましょう。
Lisez les phrases en écoutant la piste audio.

Le centre est vraiment beau.	（その街の）中心は本当にきれいです。
La ville est très belle.	（その）街はとてもきれいです。
Il y a un grand château.	大きな城があります。
Il y a une église connue.	有名な教会があります。

Structure 2　モデル文2

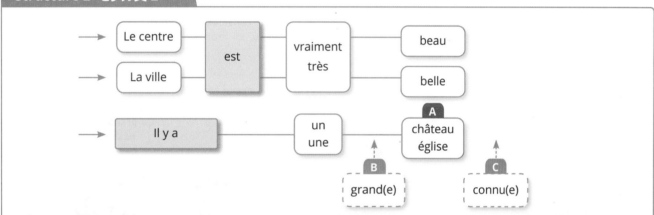

	A	23-06 🔊
1	un château	城
2	une église	教会
3	une cathédrale	大聖堂
4	un musée	美術館／博物館
5	un parc	公園

	B	23-07 🔊
名詞の前に置く形容詞		
1	grand(e)	大きい
2	petit(e)	小さい
3	beau (belle)	美しい
4	joli(e)	きれいな

	C	23-08 🔊
名詞の後ろに置く形容詞		
1	connu(e)	有名な
2	impressionnant(e)	印象的な
3	intéressant(e)	面白い
4	charmant(e)	魅力的な

2. 日本語の文をフランス語に訳しましょう。*Traduisez en français les phrases exemples.*

1. トゥールーズに行くのがお勧めです。中心はとても美しいです。（トゥールーズ Toulouse）

....

2. 私はヴァランス出身です。（その）街は小さいですが、きれいです。（ヴァランス Valence）

....

3. シャルトルにはとても有名な大聖堂があります。（シャルトル Chartres）

....

Activité 調べてみよう！

1. 旅の準備をしよう！

1. 以下の都市のリストから、2 つの都市を選びましょう。

2. Google Maps を使って、パリからの所要時間をそれぞれ調べましょう。

Préparez un voyage en France !

1. Choisissez deux villes françaises en dehors de Paris, parmi celles de la liste.

2. Cherchez sur Google Maps les temps de transport en train depuis Paris.

Ça prend environ deux heures de Paris à Lyon en TGV.

Villes フランスの都市		23-09 🔊
1	Nantes	ナント
2	Strasbourg	ストラスブール
3	Lyon	リヨン
4	Nice	ニース
5	Toulouse	トゥールーズ
6	Lille	リール
7	Marseille	マルセイユ
8	Bordeaux	ボルドー

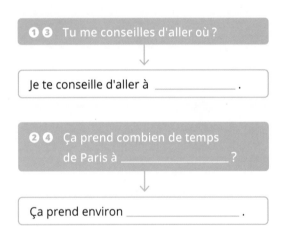

❶ ❸ Tu me conseilles d'aller où ?

Je te conseille d'aller à _____ .

❷ ❹ Ça prend combien de temps de Paris à _____ ?

Ça prend environ _____ .

Tu me conseilles d'aller où, en France ?

Je te conseille d'aller à Lyon.

Ça prend combien de temps ?

Ça prend environ deux heures en TGV.

2. クラスメイトにどの都市がおすすめか、パリからどれぐらい時間がかかるかインタビューし、その回答を以下に記録しましょう。

Interrogez plusieurs camarades sur les villes qu'ils recommanderaient et sur le temps nécessaire pour s'y rendre depuis Paris, et notez leurs réponses ci-dessous.

	名前 Prénom	❶ 1つ目の都市 première destination	❷ パリからの所要時間 temps de transport	❸ 2つ目の都市 deuxième destination	❹ パリからの所要時間 temps de transport
例	Shotaro	Lille	une heure	Lyon	environ 2 heures
1人目					
2人目					
3人目					

Conversation　会話のための練習

ÉCOUTER　リスニング　23-10 🔊

音声を聴いて、空欄に単語を書きましょう。

Écoutez la piste audio et écrivez les mots manquants.

Mathieu : Vous allez aller en France .... les vacances d'été ?

John : Oui, j'aimerais bien. Où est-ce que vous me conseillez d'aller ? Je suis .... allé à Paris et au Mont Saint-Michel.

Mathieu : Est-ce que vous êtes .... allé en Provence ? Moi, je suis d'Avignon. C'est une vieille ville. Le .... est très beau. Et il y a un palais très connu : le Palais des Papes.

John : Ça doit être très intéressant ! Et il fait beau en août ? Je vais probablement aller en France en août.

Mathieu : Oui, il fait beau et sec, en général ! C'est vraiment agréable.

John : Super. Et qu'est-ce que vous .... conseillez de faire, à part ça ?

Mathieu : Vous devriez aussi vous promener en vélo dans la campagne. C'est très joli. Il .... des villages charmants.

Vocabulaire supplémentaire　追加語彙　23-11 🔊

1	une vieille ville	古い都市（歴史的な都市）
2	le Palais des Papes	教皇庁
3	probablement	多分、おそらく
4	agréable	過ごしやすい
5	à part ça	それを除いて
6	vous devriez	したほうが良い
7	tu devrais	したほうが良い
8	se promener	散歩する
9	la campagne	田舎

ÉCRIRE　作文

日本を旅行するフランス人に対して、あなたがお勧め（食べ物、観光すべき場所など）を提案する会話文をパートナーと一緒に書きましょう。

Écrivez un dialogue en imaginant qu'un Français vous demande des conseils sur un voyage au Japon.

....

....

....

....

....

....

....

....

La suite　繰り返し学習しよう

Exercices
練習問題 ▶ 📄 p. 123

Fiche récapitulative
まとめシート ▶ 💻

Point 1 ポイント1 Prononciation 発音

1. 写真の4人は、フランスに滞在した経験があります。以下の文章を声に出して読んでみましょう！その後、音声で発音を確認し、同じリズムで読んでみましょう。

Ils sont allés étudier en France ! Lisez à voix haute. Ensuite, vérifiez votre prononciation avec l'aide de la piste audio et essayez de lire avec le même rythme.

24-01

Mariko et Mikako sont allées à Besançon pour étudier le français pendant un mois quand elles étaient en deuxième année à l'Université de Kobe. Puis elles sont parties en échange pendant un an quand elles étaient en troisième année : Mariko à l'université de Nice et Mikako à l'université de Paris.

Maintenant, Mariko habite à Paris. Elle est professeur d'art plastique et éducatrice de petite enfance pour l'UNESCO. Mikako habite à Amsterdam. Elle est consultante pour une entreprise d'informatique.

24-02

Itchiku a passé un an en échange à Paris. Il a beaucoup voyagé quand il était en France. Il est allé à Bordeaux, Nice, Cannes, en Bourgogne et en Italie.

Maintenant, il habite à Berlin. Il dirige une association qui s'appelle "Stand with Syria Japan". Il prépare aussi un doctorat sur le sujet des droits de l'homme à l'Université de Tokyo.

24-03 🔊

Saki a passé deux semaines à Dijon quand elle était en troisième année de collège, grâce à un programme d'échange organisé par la ville où elle habite. Elle a fait un échange d'un an à Bordeaux quand elle était au lycée. Puis elle a vécu deux ans à Florence, en Italie.

Maintenant, elle enseigne le français à Tokyo et elle prépare un doctorat sur Roland Barthes, un philosophe français.

Points de la leçon :
▶ Bilan de compétences (leçons 19 à 23)
▶ Dialogue récapitulatif

レッスンのポイント：
▶ 19-23課までの文法の復習
▶ 既習事項をつかった対話文 4

ÉTUDIANTS 生徒 　PROFESSEURS 先生

Point 2　ポイン2　Grammaire 文法

1. 以下の表に、指定された動詞の複合過去形を主語とともに書きましょう。　*Conjuguez au passé composé.*　24-04 🔊

	faire （する）	venir （来る）	se coucher （寝る）
私	....	....	....
あなた	....	....	....
彼	....	....	....
彼女	....	....	....
私達	....	....	....
あなた（達）	....	....	....
彼ら	....	....	....
彼女ら	....	....	....

2. 以下の表現を、複合過去形か半過去形を使ってフランス語に直しましょう。必要であれば「déjà」または「jamais」を用いましょう。
Traduisez en utilisant le passé composé (avec ou sans "déjà" et "jamais") et l'imparfait.

1. 私は食べたことがある ....

2. 私（女）は行ったことがある ....

3. 私は食べなかった ....

4. 私は食べたことがない ....

5. 私（男）は行かなかった ....

6. 私（男）は行ったことがない ....

7. 私は～でした ....

8. それは～でした ....

Point 3　ポイン3　Communication　コミュニケーション

1. 19-23 課で学習した構文を使って、クラスメイトにインタビューし、その結果を以下に記録しましょう。

Interrogez plusieurs camarades.

	1人目	2人目
名前 Prénom		
休みの間・週末何をしたか？ Fait quoi pendant les vacances / ce week-end ?		
海外に行ったことは？〇〇を食べたことは？ Déjà allé(e) à l'étranger ? Déjà mangé...?		
どこの出身？それはどこ？名産品は？ Il / Elle est d'où ? C'est où ? Spécialité ?		
一番好きな季節は？一番好きな街は？ Saison préférée ? Ville préférée ?		

ÉCOUTER リスニング
24-05 🔊

音声を聴いて、空欄に単語を書きましょう。
Écoutez la piste audio et écrivez les mots manquants.

Sayuri : Salut ! Ça va ?

Hugo : Ça va bien. Tu as passé de bonnes vacances ?

Sayuri : Oui, ... bien. Je suis rentrée chez mes parents à Sendai, et je suis .... à Nagano avec mon club. Et toi, tu es allé quelque part ?

Hugo : Je suis allé en Espagne avec des amis. J'ai .... Barcelone.

Sayuri : Ah bon ! ...., je ne suis jamais allée en Europe. C'était comment ?

Hugo : C'était super. La ville est magnifique. Il y a une grande plage et beaucoup de bâtiments historiques, comme la Sagrada Familia. Et j'ai .... de la paëlla !

Vocabulaire supplémentaire 追加語彙 24-06 🔊

1	passer	過ごす
2	de bonnes vacances	良い休暇
3	magnifique	素晴らしい
4	une plage	浜辺
5	des bâtiments historiques	歴史的な建造物
6	comme	〜のよう

---

vu dans LEÇON 7

Culture et conversation　文化と会話

Éviter le silence
沈黙を避けよう！

Satoshi : Qu'est-ce que tu aimerais avoir comme animal ?

Laurence : <u>Je ne sais pas...</u> Un chat, peut-être.

Qu'est-ce que ça veut dire, "OO" ? 〜はどんな意味ですか？
Comment dit-on "OO" en français ? 〜は、フランス語で何といいますか？
Pardon ? すみません？（もう一度言ってください。）

フランス人はよく、質問の答えが見つからない時に「Je ne sais pas...」と言うことで、考えるための時間稼ぎをします。「Je ne sais pas...」の意味は「知らない・（答えが）わからない」ですが、本当に「わからない」というよりも、答えを考えている間の沈黙を避けるための方便として使われています。

というのも、フランス人は会話の中の沈黙を嫌うからです。フランス語での会話の流れを止めないためには、「Je ne sais pas」以外にも、左下にある表現を使うことができます。

Quand les Français ne savent pas répondre tout de suite parce qu'ils réfléchissent à la réponse, ils commencent souvent par dire "Je ne sais pas...". "Je ne sais pas..." veut dire "Je ne connais pas la réponse". On l'utilise dans ce cas pour ne pas rester silencieux, tout en réfléchissant à la réponse qu'on va donner.

Le silence met les Français mal à l'aise quand ils conversent. Pour éviter de rester silencieux trop longtemps pendant une conversation en français, vous pouvez aussi utiliser une des expressions ci-contre.

Écrire　作文

19-23 課で学習した内容をもとにして対話文を作成しましょう。

- 複合過去形と近接未来形を使用しましょう（Qu'est-ce que tu as fait ce week-end ? / Tu vas aller quelque part ce week-end? など）
- 自分が過去にしたことを話す時は、何をしたのか、どこにいったのか順序立てて話しましょう。
- 返答する際は、情報を付け足して会話を発展させましょう。
- 以下のような表現を効果的に使用しましょう。

Écrivez un dialogue qui utilise les contenus des leçons 19 à 23.

- *Variez les expressions en utilisant le passé composé et le futur proche. Exemple : Qu'est-ce que tu as fait ce week-end ? / Tu vas aller quelque part ce week-end ?*
- *Pensez à indiquer vos actions passées dans un ordre logique: où vous êtes allé(e), ce que vous avez fait, comment c'était …*
- *Donnez des réponses riches : quand vous répondez à une question, ajoutez au moins une information supplémentaire.*
- *Essayez d'utiliser une ou plusieurs des expressions ci-dessous.*

Dis-moi, ... （+ 疑問文）	C'était + 形容詞（感想を言う時）
Je ne sais pas ... わからない	à part ça　それを除いて

Exercices
練習問題

POINT 1　ポイント1

A. 例にならって、以下の文を女性形に書き換えましょう。
Mettez au féminin.

Exemple : Je suis marié. → Je suis marié<u>e</u>.

1. Il est célibataire.

   ....

2. Tu es chinois?

   ....

3. Il est canadien.

   ....

4. Vous êtes français?

   ....

5. Ils sont coréens.

   ....

B. 例にならって、以下の空欄に適切な語を入れ文を完成させましょう。
Écrivez les mots manquants.

Exemple : Je .... française. → Je suis française.

1. Vous .... canadien.

2. .... est française.

3. .... sommes chinois.

4. Ils .... coréens.

5. Tu .... américain.

C. 例にならって、以下の文を2つの種類の疑問文に書き換えましょう。
Écrivez les différentes formes de la question.

Exemple : Tu es français.
   → Tu es français?
   → Est-ce que tu es français?

1. Vous êtes mariée.

   ....

   ....

D. 例にならって、以下の文を否定形に書き換えましょう。
Mettez à la forme négative.

Exemple : Je suis en première année.
   → Je <u>ne suis pas</u> en première année.

1. Ils sont américains.

   ....

2. Nous sommes célibataires.

   ....

3. Elles sont en économie.

   ....

POINT 2　ポイント2

A. 以下の文に適切な表現を「moi, moi aussi, moi non plus」から選び、書き入れましょう。
Écrivez les expressions qui conviennent (moi, moi aussi, moi non plus).

Exemple : A → Je suis en troisième année.
   B → <u>Moi</u>, je suis en première année.

1. A : Je ne suis pas en économie.

   B : .... , je ne suis pas en économie.

2. A : Je suis français.

   B : .... , je suis japonais.

3. A : Je suis célibataire.

   B : .... , je suis célibataire.

Le vieux Nice

POINT 1　ポイント1

A. 次の文章には、エリジョンに関する誤りがいくつか含まれています。例にならって、以下の文中のde、je、ne、queを丸で囲み、適切な形に書き直しましょう。
Les phrases ci-dessous contiennent des erreurs car aucune élision n'est faite. Entourez les petits mots (de - je - ne - que) et réécrivez les phrases en faisant l'élision.

Exemple : Il habite près (de) ici.
→ Il habite près d'ici.

1.　Je suis de Aix-en-Provence mais je habite près de Évreux.

....

2. Il ne est pas de Orléans. Il est de Avignon.

....

3.　Est-ce que elle est américaine?

....

B. 以下の単語を並べ替えて、文を完成させましょう。
その時、文頭は大文字で書き、文末には「.」や「?」を書きましょう！
Formez des phrases avec les mots proposés.
Attention à la ponctuation !

Exemple : habitons / Paris / nous / à
→ Nous habitons à Paris.

1. ici / Il / habite / pas / n'

....

2. habite / J' / près / ici / d'

....

3. Vous / d' / habitez / ici / loin

.... ?

POINT 2　ポイント2

A. 以下の肯定文を否定形に書き換えましょう。
Transformez les phrases affirmatives en phrases négatives.

1. J'habite loin de la gare.

....

2. Je suis d'Alger.

....

3. Vous habitez à Osaka?

....

B. 以下の日本語をフランス語で書きましょう。
Traduisez en français.

1.　私は京都の出身ですが、神戸に住んでいます。（が/でも mais）

....

2. あなたは駅の近くに住んでいますか？（vous）

....

3. 私はここの出身ではありません。（ここ ici）

....

Le Palais des Papes à Avignon

POINT 1 - ポイント1

A. 疑問文の形式を変えましょう（くだけた言い方は標準的な言い方に、標準的な言い方はくだけた言い方に変えましょう）。
Écrire une autre forme de la question (forme familière → forme standard / forme standard → forme familière).

Exemple : Tu es en quelle année?
→ En quelle année est-ce que tu es?

1. Tu es en quelle faculté?

....

2. Où est-ce que vous habitez?

....

3. Tu es d'où?

....

4. Vous venez ici comment?

....

5. En quelle année est-ce que tu es?

....

B. 以下の日本語をフランス語で書きましょう。
Traduisez en français.

1. 名古屋出身ですか？ (tu)

....

2. 何年生ですか？ (vous)

....

3. 社会学部ですか？ (vous)

....

4 . どの学部ですか？ (tu)

....

POINT 2　ポイント2

A. 単語を並べ替えて文を作りましょう。
その時、文頭は大文字で書き、文末には「.」や「?」を書きましょう！
Formez des phrases avec les mots proposés.
Attention à la ponctuation !

Exemple : Paris / j'habite / à /
→ J'habite à Paris.

1. en / ici / viens / Je / voiture

....

2. à vélo / Est-ce que / l'université/ venez / vous / à

....

3. près / l'université, / J'habite / je / de / ici / viens / à pied

....

B. 以下の日本語の質問をフランス語で書きましょう。また、その質問に答える文も書きましょう。
Traduisez la question en français et répondez.

1. あなたの名前はなんですか？(vous)

Q : ....

R : ....

2. ここにどうやって来ますか？ (vous)

Q : ....

R : ....

Une maison typique d'Aquitaine

POINT 1　ポイント1

A. 以下の肯定文を否定形に書き換えましょう。
Transformez les phrases affirmatives en phrases négatives.

1. Elle travaille près d'ici.

....

2. Vous travaillez à la bibliothèque?

....

3. Je travaille dans une école du soir.

....

B. 例にならって、正しい冠詞「le / la / les / l'」を書きましょう。
Écrivez le bon article devant le nom.
(le / la / les / l').

Exemple : .... épicerie
　　　　　→ l'épicerie

1. .... supermarché

2. .... voiture

3. .... cours particuliers

4. .... étudiant

POINT 2　ポイント2

A. 例にならって、願望の表現に書き換えましょう。
Transformez la phrase pour exprimer un souhait.

Exemple : J'habite près d'ici.
　　　　　→ J'aimerais habiter près d'ici.

1. Tu es professeur?

....

2. Il vient à pied.

....

3. Vous habitez seul?

....

B. 例にならって、単語を並べ替えて文を作りましょう。
その時、文頭は大文字で書き、文末には「.」や「?」
を書きましょう！
Formez des phrases avec les mots proposés.
Attention à la ponctuation !

Exemple : j'aimerais / toute / habiter / seule
　　　　　→ J'aimerais habiter toute seule.

1. donner / aimerait / Elle / des / particuliers / cours

....

2. voiture / J'aimerais / en / venir

....

3. café, / tu / un / travailles / dans / mais / Tu /
travailler / dans / boulangerie / une / aimerais

....

....

C. 例にならって、「et」と「mais」のうち、適切な語を選び
ましょう。
Choisir entre « et » et « mais ».

Exemple : C'est intéressant et / mais bien payé.

1. C'est fatigant et / mais c'est bien payé.

2. C'est difficile et / mais fatigant.

3. C'est fatigant et / mais c'est intéressant.

4. Ce n'est pas bien payé et / mais c'est intéressant.

5. C'est difficile et / mais ce n'est pas intéressant.

Étretat, en Normandie

POINT 1　ポイント 1

A. 以下の問いかけに対して、否定形で答えを作りましょう。
Répondez négativement aux questions ci-dessous.

1. Vous avez un ordinateur?

....

2. Il a une petite amie?

....

3. Tu aimerais avoir une voiture?

....

4. Vous avez un vélo?

....

POINT 2　ポイント 2

A. 例にならって、動詞 avoir を使い、肯定文、または否定文を書きましょう。
Complétez avec le verbe avoir à la forme affirmative ou négative.

Exemple : Il .... de chat.
　　　　　→ Il <u>n'a pas</u> de chat.

1. Vous .... un chien?

2. Nous .... de poissons.

3. Tu .... une tablette?

4. Elles .... de hamster.

B. 例にならって、単語を並べ替えて文章を作りましょう。その時、文頭は大文字で書き、文末には「.」や「?」を書きましょう！
Formez des phrases à partir des mots proposés.
Attention à la ponctuation !

Exemple : une / a / il / Honda
　　　　　→ <u>Il a une Honda.</u>

1. comme / smartphone / Qu'est-ce que / as / tu

....

2. Android / a / Il / un

....

3. il / Qu'est-ce qu' / comme / a / voiture

....

A. 以下の日本語をフランス語で書きましょう。
Traduisez en français.

1. 私はスクーターは持っていませんが、車は持っています。

....

....

2. あなたは犬を飼いたいですか？ vous)

....

3. 私には兄弟も姉妹もいません。

....

4. A：あなたは何の車がほしいですか？（tu）
　　B：プリウス（Prius）が欲しいです。

....

....

Le centre de Rouen

POINT 1　ポイント1

A. 例にならって、数字を全てアルファベで書きましょう。
Écrivez les chiffres en toutes lettres comme dans l'exemple.

Exemple : J'ai 18 ans.
→ J'ai <u>dix-huit</u> ans

1. Il a 11 ans.

....

2. Est-ce que tu as 22 ans?

....

3. Elle a 33 ans.

....

4. J'ai 19 ans.

....

B. 例にならって、適切な所有形容詞を書きましょう。
Complétez avec l'adjectif possessif qui convient.

Exemple : .... mère （あなた -tu）.
→ <u>ta mère</u>

1. .... sœur （あなた -vous）

2. .... parents （あなた -vous）

3. .... frère （彼女の）

4. .... amis （彼の）

Du fromage

POINT 2　ポイント2

A. 例にならって、主語や所有形容詞、形容詞を反対の性別に変えて文を書きましょう。
Écrivez la phrase dans le genre opposé, comme dans l'exemple.

Exemple : J'ai un frère. Il est lycéen. Il est mignon.
→ J'ai <u>une sœur</u>. <u>Elle</u> est <u>lycéenne</u>. <u>Elle</u> est <u>mignonne</u>.

1. Mon frère est gentil.

....

2. Mon père est intelligent.

....

3. Mes frères sont égoïstes. Ils sont lycéens.

....

4. Ma mère est sympa. Elle est dentiste.

....

5. Mon père est timide. Il est employé.

....

B. 以下の日本語をフランス語で書きましょう。
Traduisez en français.

1. あなたは 18 歳ですか？（tu）

....

2. 母は 46 歳で、父は 50 歳です。

....

3. あなたの弟（petit frère）は何歳ですか？（tu）

....

4. 私には兄（grand frère）がいます。彼は公務員です。

....

....

5. 私の妹(petite sœur) は、なみという名前です。19 歳です。神戸の大学生です。

....

....

POINT 1　ポイント1

A. 空欄に所有形容詞を書きましょう。
Traduisez en français les adjectifs possessifs.

1. .... parents （私の）

2. .... frère （あなたの -tu）

3. .... petite sœur （彼の）

4. .... sœur （あなたの -tu）

5. .... mère （あなたの -vous）

B. 空欄に適切な語句を書きましょう。
Écrivez les mots manquants.

1. C'est ma mère .... les courses.

2. C'est moi .... le ménage.

3. Ce sont mes parents .... les comptes.

4. C'est vous .... la vaisselle.

C. 例にならって、指示された主語に応じて、適切な強勢形人称
代名詞を書きましょう。
Écrivez le pronom fort correspondant.

Exemple : Qui fait la vaisselle ? C'est .... ! （私）
→ Qui fait la vaisselle ? C'est <u>moi</u>! （私）

1. Qui fait les courses ? C'est .... ! （彼）

2. Qui fait la vaisselle ? C'est .... ! （彼女）

3. Qui fait le ménage ? C'est .... ! （あなた）

Paris

POINT 2　ポイント2

A. 例にならって、フランス語で書かれた文に対して、そのこと
をしてみたいかどうか尋ねる文を書きましょう。
*Suivez l'exemple ci-dessous et faites des questions en utili-
sant les expressions sur le goût.*

Exemple : J'habite toute seule.
→ Tu aimes habiter seule ? (tu)

1. Je viens ici en train.

→ Tu aimes ....

2. Je travaille dans un café.

→ Vous aimez...

3. Elle donne des cours particuliers.

→ Elle aime ....

B. 以下の日本語をフランス語で書きましょう。
Traduisez en français.

1. あなたの家では、誰が買い物をしますか？ (tu)

....

2. 私の父か私です。

....

3. 料理をするのは母ですが、掃除をするのは私です。

....

4. 家計のやりくりをするのは私です。でもそれはあまり好き
ではありません。

....

....

POINT 1　ポイント1

A. 適切な冠詞を選びましょう。
Choisissez le bon article.

1. Je mange (des / du / de la) fromage.

2. Je mange (un / une / des) pomme.

3. Je mange (des / du / de la) céréales.

4. Est-ce que tu manges (de la / du / des) soupe de miso ?

5. Je mange (un / une / des) onigiris.

B. 例にならって、以下の文を否定形に書き換えましょう。
Mettez à la forme négative.

Exemple : Je mange de la salade.
　　　　　→ Je <u>ne</u> mange <u>pas de</u> salade.

1. Je mange des céréales

....

2. Je bois du thé.

....

3. Je bois de l'eau.

....

La ville d'Auxerre et l'Yonne

POINT 2　ポイント2

A. 例にならって、動詞 aimer が使用されている文は動詞 manger に、動詞 manger が使用されている文は動詞 aimer に書き換えましょう。書き換えた際には、冠詞の変化にも気をつけましょう。
Réécrivez les phrases selon le modèle.

Exemple : J'aime la soupe miso.
　　　　　→ <u>Je mange de</u> la soupe miso.

1. ....

　→ Je mange du riz.

2. J'aime les viennoiseries.

　→ ....

3. Vous aimez les onigiris ?

　→ ....

4. ....

　→ Elle mange des yaourts.

5. Je n'aime pas le natto.

　→ ....

B. 以下の日本語をフランス語で書きましょう。
Traduisez en français.

1. 普通は、私はご飯と魚を食べます。

....

2. 朝は、何を飲みますか？ (tu)

....

3. 魚が好きですか？魚を食べますか？ (vous)

....

....

4. サラダを食べません。

....

5. 私は、朝に納豆を食べます。健康にいいです。

....

....

POINT 1　ポイント1

A. 正しい前置詞を書きましょう。
Écrivez la bonne préposition.

　1. Je vais .... musée du Louvre .... pied.

　2. Vous venez .... bibliothèque .... vélib?

　3. Comment tu viens .... Opéra?

　4. Je vais .... Lille .... Bruxelles .... train.

B. 以下の単語を並べ替えて、文を完成させましょう。その時、
文頭は大文字で書き、文末には「.」や「?」を書きましょう！
Formez des phrases avec les mots proposés. Attention à la ponctuation !

　1. moi / aimerais / avec / soir / Tu / sortir / ce

　　..

　2. dois / je ne peux pas / J'aimerais / mais / travailler / bien / je

　　..

　3. à la / combien / de l' / Ça prend / bibliothèque / de temps / université

　　..
　　..

　4. quart / pied / environ / un / Ça prend / à / d'heure

　　..

POINT 2　ポイント2

A. 正しい語尾（「er」または「ez」）を書きましょう。
Écrivez la bonne terminaison (er ou ez).

　1. Tu aimerais all .... au cinéma avec des amis?

　2. Vous aim .... les chiens?

　3. Je dois prépar .... un examen.

　4. Vous vous appel .... comment?

　5. J'aimerais bien travaill .... dans un magasin.

B. 以下の日本語をフランス語で書きましょう。
Traduisez en français.

　1. 大阪から京都までどれぐらい時間がかかりますか？

　　..
　　..

　2. だいたい30分かかります。

　　..
　　..

　3. 明日は、私と一緒に展覧会を観に行きたいですか？

　　..
　　..

　4. 行きたいですけど、試験勉強をしないといけません。

　　..
　　..

Le château de Sully-sur-Loire

POINT 1　ポイント1

A. 下線部の語を代名詞（ça）に置き換えて、文を書き直しましょう。
Réécrivez les phrases en remplaçant le groupe nominal souligné par un pronom.

1. Est-ce que vous aimez l'économie?

....

2. Il n'aime pas beaucoup la physique.

....

3. J'aime beaucoup le chocolat.

....

POINT 2　ポイント2

A. 下線部の語を代名詞 (le, la, l', les) のいずれかに置き換えて、文を書き直しましょう。
Réécrivez les phrases en remplaçant le groupe nominal souligné par un pronom.

1. J'aime bien le prof d'anglais.

....

2. Est-ce que vous aimez la prof de sociologie?

....

3. Elle aime beaucoup les professeurs de français.

....

Près de Chamonix, dans les Alpes

ENQUÊTE

A. 以下の文中の空欄にJe le trouve（Il est）/ Je la trouve（Elle est）/ Je trouve ça（C'est）のいずれかを当てはめ、文を完成させましょう。
Complétez les phrases en choisissant entre « Je le trouve (Il est) », « Je la trouve (Elle est) » et « Je trouve ça (C'est) ».

1. J'aime beaucoup le droit. ....
très intéressant.

2. Je n'aime pas la prof d'anglais. ....
ennuyeuse.

3. Je préfère le professeur de français.
.... sympa.

4. J'aime bien l'économie. .... utile.

B. 以下の日本語をフランス語で書きましょう。
Traduisez en français.

1. A：あなたは物理学の先生（男性）が好きですか？ (vous)
   B：はい、好きです。

....

....

2. 社会学が大好きです。面白いし役に立ちます。

....

....

3. 英語の先生が好きです。彼は優しいです。

....

....

4. 経済学が好きですが、経済学の先生（女）はあまり好きではありません。

....

....

POINT 1 ポイント1

A. 例にならって、以下の文に「いいえ」で答える文を作りましょう。
Répondez avec « non » et à la forme négative.

Exemple : Tu fais du sport?
→ Non, je ne fais pas de sport.

1. Vous faites de la danse?

→ ....

2. Est-ce qu'il fait de l'aïkido?

→ ....

3. Faites-vous une activité? (nous)

→ ....

4. Tu fais de la guitare?

→ ....

5. Elle fait de la danse?

→ ....

6. Ils font du sport?

→ ....

POINT 2 ポイント2

A. 単語を並べ替えて文章を作りましょう。そのとき、文頭は大文字で書き、文末には「.」や「?」を書きましょう！
Formez des phrases à partir des mots proposés. Attention à la ponctuation !

1. Est-ce que / membre / d' / vous / un / êtes / club

....

2. en / seule / fais / Non, / J' / toute

....

3. baseball / de l' / club / Je / du / suis / de / membre / université

....

....

B. 以下の日本語をフランス語で書きましょう。
Traduisez en français.

1. 課外活動をしていますか？ (vous)

....

....

2. 私はスポーツが大好きです。陸上競技とサッカーを しています。

....

....

3. 何の課外活動をしていますか？ (vous)

....

....

4. ここでは、私は剣道部のメンバーです。あなたは？ (tu)

....

....

5. A：クラブの一員ですか？ (tu)
   B：はい、（この大学の）弓道部のメンバーです。

....

....

ENQUÊTE

A. 括弧の中の日本語をフランス語にして文を完成させましょう。
Complétez les phrases suivantes.

1. Je vais à la bibliothèque ....
   （週に３回）

2. Elle fait du football ....
   （ほとんど毎日）

3. Je ne fais pas de théâtre parce que ....
   .... （興味がありません）

4. Je ne fais pas d'activité parce que ....
   .... （時間がありません）

POINT 1　ポイント1

A. 代名動詞の活用語尾に着目して、空欄に適切な主語と再帰代名詞を書きましょう。
Complétez avec les pronoms qui conviennent, en fonction de la terminaison du verbe.

1. .... couchez tôt?

2. .... reposes (休む・ゆっくりする〉, le samedi?

3. .... appelle Reina. Elle est japonaise.

4. En général, ... levons tard le dimanche.

5. .... couche tôt, ce soir : je dois travailler demain.

POINT 2　ポイント2

A. 例にならって、時間を表す数字を文字に書き直しましょう。
Répondez aux questions en écrivant les heures en lettres.

Exemple : Il est quelle heure? (6h05)?
　　　　→ Il est six heures cinq.

1. Il est quelle heure? (9h30)

→ ....

2. Il est quelle heure? (10h15)

→ ....

3. Il est quelle heure? (4h45)

→ ....

4. Il est quelle heure? (7h50)

→ ....

B. 以下の日本語をフランス語で書きましょう。
Traduisez en français.

1. 日曜日は何時に起きますか？ (vous)

....

....

2. 私は 11 時に寝ます。

....

....

3. 大学に行く時は何時頃に家を出ますか？ (tu)

....

....

4. 私は働く時は 5 時半に起きます。

....

....

Un port en Corse

POINT 1　ポイント1

A. 以下の問いかけに対して、否定形で答えましょう。
Répondez négativement aux questions ci-dessous.

1. Est-ce que vous allez dormir pendant le cours de français?

   ....

   ....

2. Il va regarder un film ce soir ?

   ....

   ....

3. Tu vas faire un petit voyage ce week-end?

   ....

   ....

4. Est-ce que vous allez vous promener dans le parc?

   ....

   ....

POINT 2　ポイント2

A. 空欄に適切な再帰代名詞を書きましょう。
Complétez avec les pronoms qui conviennent.

1. Je vais .... coucher tôt.

2. Il va .... promener?

3. Je dois .... lever tôt demain.

4. Vous allez .... reposer dimanche.

5. Vous .... appelez comment?

B. 単語を並べ替えて文を作りましょう。
Formez des phrases avec les mots proposés.

1. vais / demain / Je / tard / coucher / me

   ....

2. sortir / parce que / Je ne / demain / je dois / travailler / vais / pas /ce soir

   ....

   ....

3. lever / quelle / Tu / te / à / samedi/ vas / heure

   ....

C. 以下の日本語をフランス語で書きましょう。
Traduisez en français.

1. 今晩、私は早く寝るつもりです。疲れています。

   ....

   ....

2. 私は、今週末は働かないつもりです。実家に帰るつもりです。

   ....

   ....

3. 日曜日は早く起きなければなりません。なぜなら私はサッカーの試合 (un match) をするからです。

   ....

   ....

Le Mont Saint-Michel

POINT 1

A. 中性代名詞「en」か「y」のいずれかを使って、以下の文を書き換えましょう。
Transformez les phrases suivantes en utilisant le bon pronom : « en » ou « y ».

1. Je regarde trop souvent des vidéos sur Youtube.

....

....

2. Je mange du chocolat presque tous les jours.

....

....

3. Je ne bois pas souvent de vin.

....

4. Je ne vais jamais à la piscine.

....

B. 以下の日本語をフランス語で書きましょう。
Traduisez en français.

1. 私はよく甘いものを食べます。それが大好きです。

....

....

2. 私は漫画をあまり読みません。

....

....

3. 私は、まったく辛いものを食べません。あなたは？ (vous)

....

....

4. レストランによく行きますか？ (tu) そこにいくのは好きですか？ (tu)

....

....

POINT 2

A. 以下の文を、「ça」を使った文に書き換えましょう。
Transformez les phrases suivantes en utilisant le pronom: « ça ».

1. J'adore le fromage !

....

2. Je préfère lire des romans. （小説）

....

3. Il déteste la salade.

....

4. Tu aimes faire le ménage ?

....

Un lac dans les Pyrénées

POINT 1

A. 空欄に適切な動詞を書きましょう。
Complétez avec le bon verbe.

1. Maria .... allée en France.

2. Elle .... mangé des escargots.

3. Fabien .... travaillé pendant les vacances.

4. Elles se .... bien reposées !

5. Fumiko .... passé le permis.

6. Moi, j'...................... fait du tennis, ce week-end.

7. Ils .... sortis samedi soir et ils

   se .... reposés dimanche.

B. 括弧内の表現のうち、正しいものを丸で囲みましょう。
Entourez la forme correcte.

1. Ils sont (rentré / rentrés) tard.

2. Elle a (passé / passée) le permis.

3. Nous sommes (allé / allées) au cinéma.

4. Naomi, tu as (travaillé / travaillée) hier?

5. Mes amies se sont bien (reposé / reposées).

POINT 2

A. 左側の文に続くように、空欄に「C'est」か「C'était」のどちらか適切な方を書きましょう。
Écrivez « C'est » ou « C'était », selon les cas.

1. J'aime le chocolat. .... bon!

2. Tu es allé en France? .... comment?

3. Tu travailles dans un café? .... comment?

4. Moi, j'ai passé le permis. .... difficile !

5. Cet été, je ne suis pas rentré chez mes parents.

   .... trop loin.

ENQUÊTE

A. 以下の日本語をフランス語で書きましょう。
Traduisez en français.

1. あなた（女）はこの夏四国に行ったのですね！どうでしたか？
   (tu)

   ....

   ....

2. この夏、私（男）は北海道にキャンプをしに（動詞camper）行きました。素晴らしかったですが、少し疲れました。

   ....

   ....

3. そこにどれくらいいましたか？ (vous)

   ....

   ....

4. 1週間いました。ちょうど（juste）良かったです。

   ....

   ....

La lavande de Provence

POINT 1

A. 空欄に適切な前置詞「en、au、aux」のいずれかを書きましょう。
Écrivez la bonne préposition : « en », « au » ou « aux ».

1. .... Corée

2. .... Vietnam

3. .... Japon

4. .... France

5. .... Portugal

6. .... Chine

7. .... États-Unis

B. 空欄に適切な冠詞を書きましょう。
Écrivez l'article correct.

1. — Vous avez déjà mangé .... escargots ?

   — Non, je n'ai jamais mangé .... escargots.

2. — Tu as déjà mangé .... natto ?

   — Non, je n'ai jamais mangé .... natto.

3. — Je n'ai jamais mangé .... bouillabaisse.

   — Ah bon ? Moi, j'ai déjà mangé ....

   bouillabaisse.

POINT 2

A. 例にならって、単語を並べ替えて文章を作りましょう。その
とき、文頭は大文字で書き、文末には「.」や「?」を書きましょ
う！
Formez des phrases à partir des mots proposés. Attention à la ponctuation !

1. as / mangé / de / n' / jamais / Tu / sushi

   ....

2. quand / suis / en / étais / Suisse / j' / petit / allé / Je

   ....

3. ai / suis / aux / mangé / États-Unis / J' / de la / allée / je / quand / pizza

   ....

ENQUÊTE

A. 以下の日本語をフランス語で書きましょう。
Traduisez en français.

1. A：あなた（男）は日本のどこに行ったことがありますか？
   (vous)
   B：北海道と四国に行ったことがあります。
   A：いつですか？
   B：私が小さかった頃、両親と一緒に行きました。

   ....

   ....

   ....

   ....

2. A：私は納豆を一度も食べたことがありません!
   それ（＝納豆）はどうですか？
   B：変わっていましたが、不味くはなかったです。

   ....

   ....

   ....

   ....

La Seine à Paris

POINT 1

A. 空欄に位置を表す適切な語を書きましょう。
Écrivez les bonnes prépositions.

1. Lille est .... nord .... France.

2. Fukuoka est .... sud .... Japon.

3. Ibaraki est .... est .... Japon.

4. L'Alsace est près .... Allemagne.

5. Annecy n'est pas loin .... Suisse.

POINT 2

A. 例にならって、être の動詞を活用しましょう。
Conjuguez correctement le verbe être.

Exemple : C' .... le vin rouge.

→ C'<u>est</u> le vin rouge.

1. Quelles .... les spécialités d'Italie?

2. Ce .... les pâtes.

3. Quel .... ton dessert préféré?

4. C' .... la glace au matcha.

5. Il .... quelle heure?

B. 以下の日本語をフランス語で書きましょう。
Traduisez en français.

1. A : 札幌はどこですか？

   B : それは日本の北にあります。

   ....

   ....

2. A : レンヌ（Rennes）はどこですか？

   B : 知りません。それはフランスにあるのですか？

   ....

   ....

3. 仙台の名産品は何ですか？

   ....

   ....

4. ずんだ（男）と牛タン（男）です。これらを食べたことが
   ありますか？

   ....

   ....

Une basilique en Normandie

POINT 1

A. 空欄に「Quel」か「Quelle」どちらか適切な方を書き込みましょう。
Complétez les phrases suivantes avec « Quel » ou « Quelle ».

1. Il fait .... temps à Paris ?

2. .... est ta saison préférée ?

3. .... est votre ville préférée en France ?

4. .... est ton quartier préféré à Tokyo ?

　　＊ quartier（男性）：（街の）地域

B. 空欄に「en, au, le」の中から適切なものを選び、書き込みましょう。
Choisissez entre « en », « au » ou « le ».

1. J'aime .... printemps.

2. Il fait beau .... printemps.

3. Moi, ma saison préférée c'est .... été.

4. .... hiver, il fait froid.

5. Votre saison préférée, c'est .... automne ?

6. Je n'aime pas beaucoup .... hiver.

7. Je préfère .... printemps.

POINT 2

A. 以下の文中の形容詞を必要に応じて、性数一致させてください。
Accordez correctement les adjectifs.

1. Ma ville préféré ...... , c'est Takatsuki.

2. Mon animal préféré ...... , c'est le lapin.

3. Mes desserts préféré ...... , ce sont le gâteau au chocolat et les crêpes.

4. Ma boisson préféré ...... , c'est la bière belge.

5. Mes saisons préféré ...... , ce sont l'automne et le printemps.

B. 以下の日本語をフランス語で書きましょう。
Traduisez en français.

1. 普通、フランスでは8月はどんな天気ですか？

　..

2. 日本では、夏は暑くて湿気が多いです。

　..

3. 私がフランスで1番好きな街はニーム（Nîmes）です。南にあります。

　..

4. スキーをするのが好きなので、私の1番好きな季節は冬です。

　..

La tour Eiffel, à Paris

POINT 1

A. 空欄に適切な人称代名詞（間接目的補語）を書きましょう。
Écrivez les bons pronoms COI.

1. Je .... conseille d'aller à Marseille. (tu)

2. Vous .... conseillez d'aller dans quel onsen à
   Gunma? (je)

3. Ils .... conseillent d'aller faire du ski à Hokkaido.
   (vous)

4. Elle .... conseille de manger du natto mais je ne
   veux pas en manger. (je)

5. Nous .... conseillons de visiter le château de
   Chambord. (tu)

POINT 2

A. 括弧の中の形容詞を名詞の前と後ろのどちらに置くか考え、
正しい位置に書き込みましょう。
Placez correctement les adjectifs suivants.

1. Le Louvre est un .... musée
   .... (grand)

2. Il y a une .... cathédrale
   .... (impressionnante)

3. C'est un .... château ....
   (charmant)

4. C'est une très .... église ....
   (belle)

5. C'est un .... onsen ....
   (connu)

B. 以下の日本語をフランス語で書きましょう。
Traduisez en français.

1. 日本では、何を食べるのがお勧めですか？ (vous)

   ....

2. とんかつ（男）を食べるのがお勧めです。とても美味しい
   です。

   ....

   ....

3. 竹田城を訪れるのがお勧めです。 (tu) 印象的な景色 (une
   vue) があります。

   ....

   ....

4. A：ブールジュ (Bourges) に行くのがお勧めです。そこには、
   とても有名な大聖堂があります。(tu)

   B：ブールジュはどこですか。

   A：パリの南です。

   ....

   ....

   ....

   ....

Différents styles architecturaux

Contributeurs

Logistique
Harumi Furuya · Mariko Nagano · Yoko Noritake · Émilie Léger

Contenu
Bruno Vannieu · Saki Ishii · Chloé Bellec · Bruno Jactat · Jean-Luc Azra · Simon Serverin

Design
Adélaïde Conort · Éric Vannieu (couverture)

Site
Jordy Meow · Kerry Frébourg

Audio
Tino Bruno · Denis Taillandier · Justine Le Floc'h · Clément Dardenne · Laura Ariès

Catherine Lemaitre · Christophe Pagès · Jun Shimizu · Fujimoto (Kyoto)

長時間デスクワークを続けると腰が痛くなります。日々、サポートしてくれている「ふじもと整骨院」に感謝します。京都にお住まいの方は足を運んでみてください！
（ブルノ・バニュウ）
http://fujimoto-seikotsuin.com/

Remerciements

岩本 和子（神戸大学）；越智 三起子（松山大学）；鍛治 義弘（大阪府立大学）；川口 陽子（神戸大学）；Christophe Pagès（早稲田大学）；Claire Renoul（早稲田大学）；黒田 京子（島根県立大学）；関 未玲（立教大学）；橋本 まや香（神戸女学院大学）；林 博司（神戸大学）；松井 真之介（神戸大学）；水野いずみ（同志社女子大学）；山口 威（龍谷大学）；吉田 典子（神戸大学）；Nicole Massoulier（日本大学）；三木 賀雄（神戸大学）；Alexandre Vuillot（龍谷大学）；Xavier Gillard（立命館大学）；Julien Bogaers（大阪大学）；志水じゅん（Le Ciel）；Dominique Yata（静岡大学）；Malaurie Koshikawa（信州大学）；Catherine Lemaitre（獨協大学）

Moi, je... コミュニケーション A1

2023年3月15日　初版第1刷発行
2024年1月10日　第2版第1刷発行

著　者	Bruno Vannieuwenhuyse, Saki Ishii, Chloé Bellec, Bruno Jactat avec Jean-Luc Azra et Simon Serverin
グラフィックデザイン	Adélaïde Conort
表紙デザイン	Eric Vannieuwenhuyse
写真	Jerry Talandis (pp 43, 59, 71, 83, 102)
発行所	Alma Publishing / アルマ出版 TE-mail : info@almalang.com Tel : 075-203-4606 Fax : 075-320-1721
©2023 Alma Publishing	ISBN 978-4-905343-33-2　定価（本体 2500 円＋税） Printed in Japan

Orders　ご注文・お問い合わせ

Alma Publishing

www.almalang.com
info@almalang.com
Tel : 075-203-4606

教員用補助教材をご希望の方はアルマ出版までご連絡ください。